AF600061

THE CATHOLIC UNIVERSITY OF AMERICA
CANON LAW STUDIES

Number 66

Il Vicario Generale del Vescovo

UNA SINOSSI STORICA E COMMENTO

DISSERTAZIONE

Sottoposta alla Facoltà di Diritto Canonico della Università Cattolica di America come parziale adempimento dei requisiti per il grado di

DOTTORE "IN UTROQUE IURE"

DA

MICHAEL ANGELO CAMPAGNA, Ph. B., J. U. L.
Sacerdote della diocesi di Fort Wayne (Indiana)

THE CATHOLIC UNIVERSITY OF AMERICA
WASHINGTON, D. C.
1931

Nihil Obstat:

LUDOVICUS H. MOTRY, S. T. D., J. C. D.

Censor Deputatus.

Washintonii, D. C., die v Aprilis, 1931.

Imprimatur:

JOANNIS FRANCISCUS NOLL, D. D.

Episcopus Wayne Castrensis.

Wayne Catrensis x Aprilis, 1931.

Composed and Printed by the
Italian Labor Publishing Co.
Chicago, Ill.
561

INDICE

PARTE I.

PREFAZIONE

In fine di questo breve studio sul Vicario Generale del Vescovo è quello di mettere in rilievo lo sviluppo di questo officio ecclesiastico, di accennare alla grande importanza che esso ebbe negli anni della sua esistenza precedenti al Codice, e di esporre la dottrina odierna di questo importante personaggio della Curia diocesana, tale quale è contenuta nel Codice del Diritto Canonico.

Nella Parte I, in tre capitoli, tratteremo dello sviluppo storico del Vicario Generale del Vescovo. Vedremo le prime forme di Vicari del Vescovo, (cap. I) le controversie degli autori sulla dottrina in riguardo all'odierno Vicario Generale, (cap. II) e, finalmente, dopo averne stabilito l'origine, ne delineeremo le attribuizioni fino alla pubblicazione del Codice. (cap. III)

Nella Parte II, in altri tre capitoli tratteremo il soggetto secondo le disposizioni del diritto odierno e daremo un breve commento, sull'elezione del Vicario Generale, (cap. IV) sulla sua giurisdizione, (can. V) sui suoi doveri, privilegi, onori e cessarione del suo officio. (cap. VI).

L'autore prende quì l'occasione per esternare i suoi ringraziamenti ai membri della facoltà di Diritto Canonico ed a tutti coloro che lo hanno assistito ed aiutato, col loro incoraggiamento e consiglio, nella compilazione di questo lavoro.

PARTE I

INTRODUZIONE

IL NOME VICARIO — IL VICARIO NEL DIRITTO ROMANO — VARIE SPECIE DI VICARI NEL DIRITTO ECCLESIASTICO — IL VICARIO GENERALE NEGLI AUTORI E NEL CODICE.

Il nome Vicario

Il nome Vicario, dal latino *Vicarius* significa, in senso largo, colui che fa le veci di un altro ed è comunemente usato come sinonimo di sostituto, supplente, vicegerente. In senso più stretto, nel Diritto Pubblico Romano, specialmente sotto l'Impero, questo nome venne usato per determinare coloro che supplivano magistrati assenti, morti, o in qualsiasi modo impediti. [1]

Il Vicario nel diritto romano.

Il nome Vicario, nel diritto romano, si comincia a menzionare verso la fine del secolo II quando la supplenza nelle magistrature ed offici pubblici cominciò ad essere indicata non più col prefisso *pro*, come *pro-quaestor*, ma coi motti *vicem*, *vices*, *vice*, e divenne molto comune verso la fine del secolo III con lo sviluppo, a quel tempo, di un Vicariato permanen-

[1] Forcellini, *Vocabularium totius latinitatis*, IV, pag. 978

te con funzione indipendente. [2] Questo Vicariato permanente, fu il Vicariato del Pretorio ed ebbe origine con Diocleziano, quando egli divise le prefetture del Pretorio in 13 Diocesi con a capo di ciascuna di esse un governatore il quale, come il Prefetto, veniva nominato dal Principe. Tutti questi Governatori, eccezion fatta di qualche diocesi, come la Dacia e l'Illirio occidentale, dove l'amministrazione era sotto la diretta direzione del Prefetto del Pretorio,[3] ovvero l'*Oriens* e L'Egitto dove si aveva rispettivamente il *Comes Orientis* ed il *Praefectus Auguralis*, [4] presero il nome di *Vicarii Praefectorum*, Vicari del Prefetto. Essi, pur amministrando la diocesi sotto la dipendenza del Prefetto, ebbero anche una competenza giurisdizionale ed amministrativa propria. [5] Il Codice Teodosiano consacra l'intero paragrafo 15 del I libro all'officio del Vicario. È loro competenza di mandare i rapporti loro e quelli dei governatori ai Prefetti del Pretorio ovvero direttamente all'Imperatore, [6] di ordinare le imposte, ricevere i conti dei Governatori e ricevere appelli in materia di imposte, [7] di sorvegliare il servizio postale, [8] di sorvegliare, correggere i Governatori, di deferirli, in materie disciplinarii, al prefetto o all'Imperatore e di applicare ed infliggere, ai loro sudditi, multe che non eccedessero 3 once d'oro.[9] Essi giudicano le cause di prima istanza il cui appello va al Prefetto del Pretorio per la sentenza definitiva. [10]

La diocesi d'Italia, contrariamente alle altre, aveva due Vicari, il *Vicarius Urbis Romae* al comando di tutta l'Italia, dal sud della Toscana e l'Umbria e la Sicilia, Sardegna e Corsica, con residenza a Roma, ed il *Vicarius Italiae* che go-

---

[2] *Dictionaire des antiquités Grêques et Romaines*, V, pag. 820.

[3] E. Costa, *Storia del Diritto Romano Pubblico*, pag. 354.

[4] J. B. Bury, *History of the Roman latter Empire*, I, pag. 27.

[5] Costa, *op. cit., loc. cit.*

[6] C. *Theod.* I, 15.; II, 4.

[7] C. *Theod*, I, 15, 1°, 2°, 9°, 10, 12, 13, 14, 15, 16, 17, 30.

[8] C. *Theod.* VIII, 4, 5, 6, 8, 13, 15, 18, 20, 22, 23, 25, 29, 31, 33, 40, 49, 50, 59, 64.

[9] C. *Theod.* I, 14,2.; I, 16,6.; XI, 30,33.; C. J. I,54,6.

[10] Bury, *op. cit., loc. cit.*

vernava il resto dell'Italia e la Raetis con residenza a Milano.[11] La loro competenza era simile a quella degli altri Vicari del Prefetto e le fonti ci rivelano che il Vicario di Roma, con la sua prossimità al Prefetto di Roma, ebbe grande importanza nell'amministrazione di quella provincia. Per quanto subordinato al Prefetto, egli lo supplisce ed aiuta e prende parte attiva nelle provvisioni annonali della città e nella protezione e sorveglianza delle corporazioni. [12] Gli appelli dalle sue sentenze vanno all'Imperatore,[13] e nella stessa proclamazione del Codice Teodosiano egli figura tra i grandi dignitari dell'Impero, (cfr. C. Theod., Gesta in senatu). [14]

Varie specie di Vicari nel diritto ecclesiastico.

Anche nel diritto ecclesiastico, il nome Vicario fu comune fin dai primi tempi della chiesa e fu, parimenti, attribuito a persone che facevano le veci di Vescovi, Rettori di Chiese od altri personaggi ecclesiastici morti, assenti o impediti. Esso divenne sempre più popolare nel corso dei secoli, sicchè anche oggi, nel diritto canonico, in genere si chiamano Vicari tutti coloro che vengono legittimamente costituiti perchè facciano le veci del Vescovo o di un altro prelato, o del parroco, o di un altro beneficiato. [15] Si hanno perciò varie specie di Vicarii.

1) I Vicari possono essere *Nati* o *Legitimi* e *Dati* o *Dativi*.

a) Vicari *Nati* sono coloro a cui il Vicariato compete per legge, quali erano anticamente l'Arcidiacono e l'Arcipresbitero rispetto al Vescovo. Questi Vicari hanno giurisdizione ordinaria e distinta da quella del superiore di cui fanno le veci,

---

[11] Bury, *op. cit., loc. cit.;* Costa, *op. cit., loc. cit.*

[12] *C. Theod.* XI,30,36.; XII,6,24.; XII, 11,2.; XIII,2,5, XIV, 1;6.; XIX, 6,3.

[13] *C. Theod.* XI, 30, 29.

[14] *Dictionaire des antiquités.........., loc. cit.*

[15] Cocchi, *Commentarium in Codicem Iuris canonici,* III, n. 281.

per quanto a lui subordinata, e non possono essere dal superiore rimossi dall'officio, *ad nutum*.

b) I Vicari *Dati*, invece, sono quelli costituiti *ab homine*, cioè dal superiore stesso. Essi hanno la stessa giurisdizione del superiore che li costituisce e di cui fanno le veci e sono temporanei ed amovibili, quale è oggi il Vicario Generale del Vescovo.

2) I Vicari si distinguono, inoltre, in Vicari *in divinis* ed in Vicari *jurisdictionis*.

a) Sono in *divinis* se fanno le veci di altri nel divino ministero e nella cura delle anime per tutto ciò che riguarda il foro interno. Questi, a sua volta, si distinguono in Vicari *ad tempus* ed in Vicari *in perpetuum* a seconda che siano costituiti temporaneamente e possano essere rimossi a piacere dal superiore che li costituisce, quali sono i Vicari sostituti, cooperatori, economi e beneficiati; oppure la Vicarìa sia stata data loro *in titulum* e non possono essere rimossi se non nei casi espressi nel codice, quali sono i Vescovi ausiliari.

b) I Vicari *jurisdictionis*, in genere, sono coloro che fanno le veci di altri nell'esercizio della giurisdizione del foro esterno, sia essa giudiciale o volontaria. Tali sono il Vicario Capitolare, il Vicario Generale ed il Vicario Foraneo.

Il secondo di questi, vogliamo dire il Vicario Generale, può essere di due specie.

a) *Vicarius generalis in temporalibus tantum* quale è l'economo generale per l'amministrazione dei beni temporali della diocesi e,

b) *Vicarius Generalis in spiritualibus et temporalibus*, quale è il Vicario Generale del Vescovo propriamente detto. [16] È di quest'ultimo che noi ci occuperemo in questo studio sinottico e, prima di incominciarne la trattazione, crediamo opportuno di definire la sua capacità giuridica.

---

[16] Cocchi, *op. cit., loc. cit.; R. P. F. Schmalzgrueber, Jus. Eccl. Univer.* Tom. I. Pars altera, tit. 28.; Leurenio, *Forum beneficiale. Tractatus de Vicario Generali Episcopi, Cap. I, IV. pag.* 470.

Il Vicario Generale negli autori e nel Codice.

Chi è il Vicario Generale?

Tra i dottori del diritto antico, il Leurenio ci definisce il Vicario Generale "*Is qui principaliter super eodem tribunali Episcopi vices gerit, cognoscendo causas ad illud spectantes*". [17] Bouix, esprimendo la stessa idea con più chiarezza, dice che il Vicario Generale del Vescovo è colui che viene "*legittime deputatus ad exercendam generaliter iurisdictionem episcopalem, vice Episcopi, et ita ut actus eius ab Episcopo gesti censeantur*". [18] E Ferraris, "*ille qui constitutus est cum potestate ut eius vices gerat in eodem loco in quo ipse sedem habet ac ius dicere solet, ita ut censeatur idem esse adiutorium utriusque*".[19]

Tra i Canonisti moderni, De Meester definisce il Vicario Generale del Vescovo, "*Clericus legittime designatus qui generalem seu universam episcopalem iurisdictionem, regulariter voluntariam, tam in spiritualibus quam in temporalibus, nomine seu vice Episcopi exercet ita ut actus eius ab Episcopo gesti conseantur.*" [20] Vermeersch parimenti lo definisce: "*Sacerdos legittime deputatus ad exercendam in toto iursdictionem Episcopalem, vice Episcopi, ita ut actus eius ab Episcopo gesti censeantur*". [21] E Cappello: "*Vicarius Generalis est Sacerdos deputatus qui potestate ordinaria Episcopum, in regenda tota dioecesi, adiuvat*". [22]

Tutti i Dottori, antichi e moderni, convengono nella stessa idea, ed a tutti, sembra faccia eco la definizione che del Vicario Generale si può dedurre dal Codice del Diritto Canonico. Secondo il codice, infatti, il Vicario Generale del Vescovo è un Sacerdote costituito dal Vescovo perchè con potestà or-

---

[17] Leurenio, *op. cit.*, cap. I, quest. VIII, pag. 471.

[18] Bouix, *De iudicibus ecclesiasticis*, I, pag. 358.

[19] Ferraris, *Bibliotheca Canonica, iuridica, moralis, theologica*, VII, sotto il nome "*Vicarius Generalis*, pag. 571.

[20] De Meester. *Iuris canonici et iuris canonico-civilis compendium*, II, n. 725.

[21] Vermeersch-Cruesen, *Epitome Iuris Canonici*, II, n. 433.

[22] Cappello, *Summa iuris canonici*, II, n. 394.

dinaria lo aiuti nel governo della intera diocesi, "*qui ipsum potestate ordinaria in toto territorio adiuvet*". [23] Egli inoltre, *vi officii*, ha, nell'intera diocesi, la stessa giurisdizione "*in spiritualibus et temporalibus*" che compete al Vescovo "*iure ordinario*" eccezion fatta solamente per quegli atti che il Vescovo si fosse riservati a sè o che *ex iure* richiedano un mandato speciale. [24]

Da queste definizioni non ci sarà difficile scorgere delle qualità che caratterizzano quest'officio. Esse possono essere ridotte a tre.

a) La giurisdizione del Vicario Generale del Vescovo è universale, "*in spiritualibus et temporalibus*".

b) Questa giurisdizione universale non è limitata a determinati luoghi, ma si estende all'intera diocesi, "*in universa diocesi*".

c) Nell'esercizio di questa giurisdizione universale egli si sostituisce al Vescovo in modo tale da formare con lui un solo tribunale. "*ea........ iurisdictio........ quae ad Episcopum iure ordinario pertinet*". [25]

Ed ora che abbiamo delineato brevemente la figura di questo personaggio tanto importante nella Curia diocesana e ne conosciamo le note caratteristiche principali, ci sarà più facile la sua brevissima ricerca storica.

---

[23] Cfr. can. 366, § 1.

[24] Cfr. Can. 368 § 1.

[25] Cfr. Fournier, *Les origines du Vicaire Général*, cap. II, pag. 35-36.

CAPITOLO I.

IL COREPISCOPO E L'ARCIDIACONO.

L'idea di un aiutante o vicegerente del Vescovo, si può dire che sia antica quanto è antico l'Episcopato stesso. Il Vescovo, infatti, nella sua qualità di Pastore supremo della sua diocesi, non poteva trovarsi dappertutto, nè fare tutto da per sè, fu necessario perciò che, fin dai primi tempi del Cristianesimo, egli avesse degli aiutanti che lo rappresentassero nella cura dei Fedeli e lo aiutassero nel governo della sua diocesi.

A questa necessità, molto facilmente, fu provveduto, nei primi secoli, con designazioni occasionarie e delegazioni provvisorie, però, più tardi, il crescere dei fedeli impose una risoluzione definitiva di questo problema. La diocesi che prima, per l'esiguo numero dei fedeli, costituiva come una sola parrocchia con a capo di essa il Vescovo, si dovette ben presto dividere in più parrocchie distribuite nel vasto territorio che era sotto la giurisdizione del capo della diocesi. [26] I Presbiteri ed altri collaboratori i quali al principio erano in una dipendenza molto stretta del Vescovo il quale se ne serviva solamente al bisogno, cominciarono, a poco a poco, ad avere le loro attribuzioni proprie. L'esercizio della giurisdizione del Vescovo si veniva allargando sempre più, il numero di quelle attribuizioni riservate a lui nella qualità di sorvegliante generale veniva crescendo rapidamente, sicchè ben presto egli si trovò incapace di adempiere, da per sè, gli offici numerosi e delicati che, nei suoi poteri di giurisdizione suprema, doveva esercitare nella sua diocesi. Si sentì così il bisogno di sceglie-re qualcuno che rappresentasse ed aiutasse il capo della dio-

---

[26] Carlo Schmalz, *De istituto Officialis seu Vicarii Generalis Episcopi*, pag. 2.

cesi in modo specifico e determinato nell'esercizio della sua giurisdizione, e fu precisamente questo bisogno che, tra il III e IV secolo, dette motivo allo stabilimento canonico di due offici ecclesiastici che sono di un'importanza grandissima nella storia del nostro Vicario Generale e di cui noi ci occuperemo in questo primo capitolo; vogliamo dire il Corepiscopato e l'Arcidiaconato.

ARTICOLO I.

IL COREPISCOPO

§1. *Nome — Origine — Nomina.*

a) Nome. Corepiscopo, dal Greco «Χωρεπίσκοπος» significa Vescovo di campagna per distinguerlo da «'Επίσκοπος» Vescovo di città. Alcuni vogliono, invece, che derivi da «χῶρος» "luogo," quindi Corepiscopo significherebbe colui che tiene il luogo o le veci del Vescovo nelle campagne.[27]

b) Origine. Quel che sia della derivazione del nome, è certo che essi furono istituiti dai Vescovi nelle campagne e villaggi perchè facessero le loro veci e governassero, in loro nome, le diverse chiese situate fuori della città vescovile. Nel concilio di Ancira dell'anno 314 infatti, sono chiamati *Vicarii Episcoporum* ed in quello di Cesarea tenutosi nello stesso anno, *Comministri Episcoporum.* [28]

Se consideriamo il nome come indice della loro istituzione ed origine, dobbiamo dire che essi apparvero, nella Chiesa Orientale, durante il secolo III e più frequentemente al principio del secolo IV e, nella Chiesa Occidentale, solamente verso la metà del secolo V. [29]

---

[27] Cfr. Honorato Tournely, *De sacra ordinatione*, pag. 487.; De Meester, *op. cit.* II, n. 705.

[28] Cfr. *Concilio di Ancira*, can. 13. Mansi, II, 531.; *Concilio di Cesarea*, can. 14, Mansi, II, 544.; De Meester, *op. cit., loc. cit.;* Vecchiotti, *Institutiones canonicae*, I, pag. 93.

[29] Cfr. De Meester, *op. cit., loc. cit.;* Vecchiotti, *Institutiones canonicae,* I, cap. VIII, pag. 293.

Nell'Oriente i primi Concilii che fanno menzione dei Corepiscopi e del loro officio sono i suaccennati concilii di Ancira e di Cesarea tenutosi ambedue nell'anno 314. Nell'Occidente, la prima apparizione del Corepiscopo si ha nella provincia di Riez nell'anno 439. Un certo Armentario, senza la cooperazione del Metropolita Ilario, era stato consacrato Vescovo di Ebrun, metropoli politica della provincia *Alpina Maritima* la quale (Ebrum) reclamava inoltre i diritti di sede metropolitana ecclesiastica. Per provvedere a questo caso insolito Ilario, nell'anno 424 convocò un Concilio provinciale a Riez al quale intervennero 12 Vescovi suffraganei ed in esso, dopo aver dichiarata illecita la consacrazione di Armentario e vacante la sede di Ebrun, si determinò che ad Armentario si desse una chiesa fuori della provincia *Alpina Maritima* dove egli avesse potuto vivere come Corepiscopo con diritti e facoltà molto riservate. [30] La istituzione di questi Corepiscopi fu motivata, generalmente, come abbiamo accennato, dal crescere dei fedeli specialmente nei piccoli centri e nelle campagne, dalle gravi e molteplici occupazioni da cui erano astretti i Vescovi nelle loro sedi vescovili, ed anche dalle non poche difficoltà che gli stessi avevano nel visitare quelle piccole comunità cristiane. Difficoltà motivate e dalla scarsezza dei mezzi di communicazione e dal pericolo continuo offerto dalle persecuzioni dei gentili. [31]

c) Nomina. Il Corepiscopo veniva scelto dal Vescovo, tra i Sacerdoti dotti, prudenti e di buoni costumi della diocesi. Spesso a quest'officio venivano assunti anche quelli che erano già stati insigniti del carattere episcopale e che si trovavano sprovvisti di diocesi o perchè minacciati dalle persecuzioni, ovvero perchè ne erano stati privati per qualche delitto, per esempio eresia, ed erano poi ritornati all'unità della fede. Ciò si deduce da una disposizione del Concilio di Nicea, (325)

---

[30] Gottlob, *Der Abendlandische Choreskopat*, pag. 7, 8.; Onorato Tournely, *op. cit.* pag. 488.; Bingham, *Origines sive antiquitates Ecclesiasticae*, II, pag. 196.

[31] Cfr. Vecchiotti, *op. cit., loc. cit.*

con la quale si dà facoltà ai Vescovi di accettare nelle loro diocesi tutti i Vescovi Novaziani che erano tornati all'unità della fede, di ammetterli all'officio di Presbiteri e, se lo credessero opportuno, anche a quello di Corepiscopi. [32] La decisione favorevole del Concilio di Riez nel caso di Armentario di cui abbiamo parlato poco sopra, si ebbe, noi crediamo, perchè i Vescovi che decisero il caso ebbero in considerazione questo canone del Concilio di Nicea. [33]

§ 2. *Natura del suo ordine.*

Questo provvedimento Niceno ed altre circostanze fecero sorgere una disputa tra i Dottori sulla natura dell'ordine dei Corepiscopi. Erano essi semplici sacerdoti superiori agli altri solamente in giurisdizione, oppure erano insigniti del carattere episcopale?

I Dottori si schierano in due parti opposte. Alcuni ritengono che essi furono Vescovi e sostengono la loro opinione col riferirsi ad alcuni canoni dei concilii dai quali sembra potersi concludere che essi veramente fossero Vescovi. Così, nel Concilio di Ancira, si proibisce ai Corepiscopi di ordinare Presbiteri e diaconi senza il permesso del Vescovo *Civitatis.* [34] Per istituzione essi potevano conferire solamente gli ordini minori ed il suddiaconato che, a quei tempi, si enumerava tra essi. [35] Nel Concilio di Antiochia, parimenti, si parla di Corepiscopi che, quantunque abbiano ricevuto l'imposizione delle mani dai Vescovi e come Vescovi siano stati consacrati, pure debbono reggere le chiese loro soggette "*nel modo proprio*" cioè sotto l'ubbidienza del Vescovo *Civitatis.* [36] Rabano, Arcivescovo Moguntino, scrivendo un opuscolo sui Corepiscopi, cita questi due canoni e dice che egli non sa concepire

---

[32] *Concilio di Nicea*, can. VIII, Mansi, II, 675.; Vecchiotti, *op. cit.*, pag. 294.

[33] Cfr. Gottlob, *op. cit., loc. cit.*

[34] Concilio di Ancira, Can. 12, Mansi II, 518.

[35] Benedetto XIV, *De Synodo Diocesana*, I, pag. 52.

[36] *Concilio di Ancira,* Can. X., Mansi, II, 1311.

come si possano avere due sentenze dopo una dichiarazione così chiara e conclude col dire che, come non si toglie la dignità ai Vescovi suffraganei col delegare la cura della Provincia e del Concilio Provinciale al Metropolita, così non si toglie nulla all'ordine vescovile del Corepiscopo col limitare la sua giurisdizione. [37] Dello stesso tenore è, su questo punto, la dissertazione di Abramo Ecchellense, Moronita del Libano, sull'autorità dei canoni e costituzioni del Concilio I di Nicea. [38]

Nell'opinione contraria militano un gran numero di Dottori tra i quali campeggiano Damaso I, [39] Graziano, [40] Benedetto XIV, [41] Tomassino, [42]. Ferraris, [43] ed altri. Questa controversia esiste ancora ai giorni nostri. Lo Schroeder, infatti sembra determinato ad ammettere che i Corepiscopi per istituzione furono semplici sacerdoti [44] e Poechl in un suo recente studio,[45] dice che è ancora incerto se i Corepiscopi ebbero o no il carattere Episcopale. Gottlob, al contrario, molto più recentemente, (1928) ritiene che essi furono veri Vescovi, in quanto all'ordine, e sembra che il chiaro scrittore voglia fare di essi, non i Vicari dei Vescovi, ma i loro Ausiliari e Coadiutori. Egli cita numerosi documenti per sostenere la sua opinione. [46] Noi non ci tratteniamo molto su questa diversità di opinioni perchè non riguarda direttamente il nostro soggetto; ci limiteremo soltanto a dire che delle due sentenze, quella che nega al Corepiscopato, come tale, il carattere Vescovile, ci pare più probabile. I Dottori seguaci di quest'ulti-

---

[37] Cfr. Mansi, XVI, 872.; P:L: Migne, CX, 1195, 1216.

[38] Cfr. Mansi, II, (Capite I. *De temporum consecratione*), 1078, 1079.

[39] *Lettera V*, Mansi, III, 437.

[40] *Decretum Gratiani*, Distinctio LCIX, cap. 4 e 5.

[41] *De synodo dioecesana*, I, pag. 52.

[42] *Vetus et nova Ecclesiae disciplina*, Lib. II. pas. I. Pag. 271.

[43] *Bibliotheca*, Tit. II, pag. 263.

[44] *Entwicklung des Archidiokanats bis zum Elften Jahrhundert*, pag. 35 e secq.

[45] AKKR. XCVII, (1917) *Der "Vocatus Episcopus" der Karolingerzeit, pag.* 88, 219.

[46] *Gottlob*, *op. cit.* pag. 27, 30, 34, 59, 60, 96, 107, 111, 113, 140.

ma opinione, invero, la basano su argomenti non meno forti e convincenti. Quasi tutti convengono nel dire che, per quanto non vi mancasse, specialmente in Oriente, un numero grande di Corepiscopi che fossero insigniti del carattere episcopale, dovuto, come abbiamo detto, specialmente alla disposizione del concilio di Nicea, purtuttavia, per istituzione i Corepiscopi, come tali, erano, in quanto all'ordine, uguali ai Presbiteri e superiori a loro solamente in giurisdizione. Quando poi essi vengono alla prova della loro tesi sono tutti concordi nel citare in loro favore i tre seguenti argomenti. Secondo loro i Corepiscopi non furono per istituzione Vescovi

1) Perchè a norma di una disposizione del concilio di Antiochia i Corepiscopi dovevano essere ordinati da un solo Vescovo, [47] mentre alla valida ordinazione dei Vescovi si richiedevano tre Vescovi consacranti.

2) Perchè l'istituzione dei Corepiscopi, sorti con lo scopo principale di provvedere ai bisogni delle chiese situate nei villaggi e nelle campagne, se istituzione di ranco vescovile, sarebbe stata un'aperta e, conseguentemente, intollerabile opposizione ai decreti del Concilio di Laodicea che proibiva la costituzione di Vescovi nelle campagne e nei villaggi. [48]

3) E, finalmente perchè i Corepiscopi, secondo i canoni, furono istituiti *ad imitationem* dei settanta discepoli, [49] ed i discepoli non furono, certo, Vescovi per istituzione.

Ma quello che è importante per noi è di considerare più che la dignità, l'attività di questo personaggio nella sua qualità di rappresentante e Vicario del Vescovo.

§ 3. *Estensione del suo officio.*

Il Corepiscopo, come abbiam veduto, fu istituito perchè facesse le veci del Vescovo nel governare le chiese situate fuo-

---

[47] *Concilio di Antiochia*, can. X, Mansi, II, 1311.

[48] *Concilio di Laodicea*, can. LVII, Mansi, II, 573.

[49] *Concilio di Neocesarea*, can. XIII, Mansi, II, 546.; *Concilio di Nicea*, can. XIII, Mansi, II, 543.

ri della città vescovile. Quest'officio di *Vicarius Episcopi* o *Comminister Episcopi* in quel determinato territorio gli dava delle prerogative che sono molto interessanti per il nostro studio.

Era suo officio, come il nome stesso indica, di fare le veci del Vescovo nelle campagne e nei villaggi, egli, perciò presiedeva a tutte le chiese e monasteri del suo territorio e ne faceva le visite canoniche; sorvegliava il clero commesso alla sua cura, provvedeva al numero sufficiente dei Sacerdoti nelle chiese, e teneva cura dell'incremento delle vocazioni.[50] Riferiva al Vescovo sulla disciplina del suo territorio, specialmente in riguardo agli ecclesiastici, ed aveva il diritto di conferire offici ecclesiastici inferiori a persone idonee.[51] Il Concilio Antiocheno I dava potestà al Corepiscopo di promuovere, senza bisogno di consultare il Vescovo *Civitatis*, giovani aspiranti alla carriera ecclesiastica, agli Ordini Minori ed al suddiaconato che allora veniva considerato Ordine Minore. "*...Constituant autem lectores, hypodiaconos et exorcistas et eorumque promotionem sufficere existiment.*"[52] Egli poteva mandare "*litteras pacificas*" cioè lettere generali,[53] e dare lettere dimissorie a chierici rurali che si recavano in un'altra chiesa.[54] Nella città vescovile in presenza del Vescovo e dei Presbiteri rurali, il Corepiscopo poteva celebrare il Santo Sacrificio, ciò che non era concesso agli altri,[55] ha diritto al suffraggio nei Concilii e si dà molto spesso il caso in cui qualcuno interviene ai sinodi generali e dà il suo voto non come Corepiscopo, ma come sostituto del Vescovo assente.[56] Era peraltro a lui proibito di consacrare diaconi e sacerdoti senza il permesso del Vescovo *Civitatis*, e ciò anche se egli fosse stato insignito del carattere episcopale, "*Ii qui sunt in vicis vel pagis*

---

[50] Vecchiotti, *op. cit.* pag. 295.; Ferraris, *Bibliotheca*, pag. 319.
[51] Bingham *Origines et antiquitates ecclesiasticae*, pag. 196.
[52] *Concilio Antiocheno*, can. X, Mansi, II, 1311.
[53] *Concilio di Antiochia*, can. VIII., Mansi, II, 1311.
[54] Vecchiotti, *op. cit.*, pag. 295.
[55] *Concilio Neocesarense*, can. XIV, Mansi, II, 543.
[56] Vecchiotti, *op. cit.*, *lo. cit.*

qui dicuntur Chorepiscopi, etiamsi Episcopi ordinationem manuumve impositionem acceperint, visum est ut suum modum sciant et sibi subiectas ecclesias administrent earumque cura et sollicitudine gerenda contenti sint; constituant autem lectores, hypodiaconos et exorcistas, et eorumque promotionem sufficere existiment, nec presbyterum nec diaconum ordinare audeant absque urbis Episcopo cui subjcitur ipse et regio...." [57] nè poteva, parimenti, consacrare vergini, altari e chiese, amministrare il Sacramento della Cresima e rimettere pene pubbliche,[58] ed era in potere del Vescovo, o dei Concilii di limitare maggiormente la sua giurisdizione se ciò fosse stato necessario o consono alle abitudini e circostanze particolari del luogo. [59]

Da questi brevi accenni appare evidente come l'officio del Corepiscopo corrispondesse al nome che i canoni gli davano di *Vicarii Episcopi quos Graeci Chorepiscopos vocant*, [60] e che molti collettori di canoni e studiosi del diritto gli venivano confermando.[61] Quanti Corepiscopi si poteva il Vescovo eleggere?

Nel sinodo Siriaco si prescrive che ogni Vescovo abbia un solo Corepiscopo e dove ce ne siano più di due si devono sopprimere. [62] Però Tomassino, da una lettera di San Basilio scritta ai Corepiscopi e dal fatto che Gregorio Nazianzeno attesta che Basilio Arcivescovo di Cesarea aveva 50 Corepiscopi, conclude che il Vescovo poteva avere più di un Corepiscopo. [63] Conclusione, del resto che concorda con lo spirito della istituzione. I Corepiscopi, infatti, erano sorti per presiedere alle campagne e villaggi e, se la sede era molto vasta, era più che conveniente e giustificabile che il Vescovo dividesse il territorio in due o più Corepiscopati.

---

[57] *Concilio di Antiochia*, can X., Mansi, II, 1311.; *Concilio di Ancira*, can XIII., Mansi, II, 518.

[58] Ferraris, *Biblioteca*, III, pag. 319.

[59] Bingham, *op. cit.*, pag. 196.

[60] *Concilio Neocesarense*, can. III., Mansi, II, 541.

[61] Cfr. Benedetto XIV, *De Synodo diocesana*, I, pag. 51.

[62] *Sinodo Siriaco*, cap. XIV., Mansi, III, 1170.

[63] Tomassino, *Vetus et nova Ecclesiae disciplina*. Pars. I, Lib. II, cap. I, pag. 218.

§ 4. *Decadenza e soppressione.*

Non si tardò, però, ad avere, sia da parte dei Vescovi che dei Corepiscopi, degli abusi che dovevano, specialmente nell'Occidente, finire col distruggere questa istituzione. Non pochi Vescovi, infatti, si eleggevano i Corepiscopi perchè, liberati dal peso e responsabilità dell'amministrazione della diocesi, potessero passare miglior tempo nelle aule dei Principi, in lusso ed ozio. [64] I Corepiscopi, d'altra parte, abusando della grande libertà che i Vescovi davano loro nell'amministrazione della diocesi, cominciarono ad attribuirsi delle facoltà che erano strettamente riservate al Vescovo e, nel secolo VIII e IX, finirono coll'equipararsi addirittura in tutto ai Vescovi andando così contro tutti i canoni dei Concilii, lettere apostoliche, decreti pontificii etc. con cui non si cessava di ammonirli, "...*ut Chorepiscopi, modum mensurae suae, qui sacris canonibus praefixus est, non excedant.*" [65] Se a questi motivi si aggiunge il fatto che i Principi, Regnanti e Patroni, col pretesto che i Corepiscopi potevano disimpegnare sufficientemente l'officio del Vescovo, ritardavano l'elezione di questi ultimi per godersi le loro prebende, a grave danno della disciplina della chiesa,[66] o eleggevano a sedi episcopali chierici senza il carattere episcopale, [67] non è da meravigliarsi se questa istituzione fosse destinata a scomparire.

Il primo serio movimento di lotta contro i Corepiscopi si orginò nell'Occidente e cominciò col limitare la loro giurisdizione a quegli atti solamente che erano stati loro concessi nei primi concilii, (Concilio di Antiochia, di Nicea, etc.) e proibire, sotto pena di nullità, qualsiasi loro azione che oltrepassasse quei limiti. L'ostilità si aumentò più tardi ed i Capitolari di Carlo Magno dell'ottobre del 802, se genuini, consacrarono il titolo VI ai Corepiscopi, ed in esso sono contenute molte

---

64 Vecchiotti, *op. cit.*, pag. 293.

65 *Concilio di Parigi*, can. 27, Mansi, XIV, 556, e 829.

66 Vecchiotti, *op. cit.*, pag. 293.

67 Gottlob, *op cit.*, pag. 75 e secq.

lagnanze contro di essi. [68]. Nel 829, il Concilio di Parigi parla ancora con termini più severi. "*Ut chorepiscopi modum mensuræ, qui in sacris canonibus præfixum, est, non excedant...*" Soli i Vescovi, esso continua, sono i successori degli Apostoli, mentre i Corepiscopi sono ad esempio e forma dei settanta discepoli. "Cum haec ita se hateant, emersit quidem reprehensibilis et valde iam inolitus usus, eo quod quidam Corepiscopi ultra modum suum progredientes et donum S. Spiritus per impositionem manuum tradant et aliae quaeque, quae solis pontificibus debentur, contra fas peragant, praesertim cum nullus ex septuaginta discipulis quorum specie in Ecclesia gerunt, legatur donum S. Spiritus per manus impositionem tradidisse........"[69] Contro questa lotta sorse Rabano di cui abbiamo avuto occasione di parlare più sopra, però i suoi sforzi non ebbero effetti [70] perchè la lotta fu ripresa più acerbamente e nel Concilio di Meax dell'anno 845, si proibisce loro, "*....ne sanctum chrisma nec Sanctum Paraclitum Spiritum, solis Episcopis... debitum, tradere temptet, nec ecclesias consecret... impositioni autem poenitentiae, atque poenitentium reconciliationi, per parochiam, secundum mandatum Episcopi inserviat.*" [71] I decreti di questo Concilio, pratticamente ridussero i Corepiscopi a semplici Sacerdoti, ed i Vescovi furono perfino proibiti sotto pene severissime, di prenderseli come aiutanti.

Quasi che l'azione di questi concilii non bastasse, un'altra lotta fu immediatamente ingaggiata ed in una forma totalmente diversa, vogliamo dire per mezzo di falsi decreti. Benedetto Levita cominciò e gli Decretali Pseudo-Isidoriani gli fecero eco. È noto come il fine di questa collezione fosse, tra l'altro, di riordinare la gerarchia ecclesiastica, ed in modo speciale, di rivendicare l'autorità dei Vescovi, contro le pretensioni dei Corepiscopi. [72] I Decreti di Damaso Papa, in-

---

[68] Gottlob, *op . cit.* pag. 105, 106.
[69] *Concilio di Parigi*, can. 27., Mansi. XIV, 556.
[70] Gottlob, *op. cit.*, pag. 118, 119.
[71] Gottlob. *op. cit.*, pag. 113.
[72] A. Van Hove, *Commentarium Lovaniense. Prolegomena.*, n. 163, pa. 144.

seriti in questa collezione,[73] che dichiarano invalidi e perciò da ripetersi tutti gli atti di carattere episcopale esercitati dai Corepiscopi i quali vengono posti allo stesso livello dei Sacerdoti, sono tutti inventati. [74] L'effetto di queste false collezioni fu efficacissimo e produsse facilmente antipatia e disgusto contro i Corepiscopi.

Il concilio di Metz del 888, influenzato da questi falsi documenti, dichiarò invalide tutte le consacrazioni di chiese fatte dai Corepiscopi [75] e questo si può dire che fu il colpo mortale per questa istituzione ecclesiastica, almeno nell'Occidente. Anche nell'Oriente non si tardò a sentire quest'influenza e nel secolo XI, sia il nome che l'officio del Corepiscopo, non venivano più menzionati nei sinodi e concilii. [76] In Inghilterra, il loro officio si riscontra fino alla conquista Normanna,[77] ed in Irlanda si trovano menzionati in un concilio tenuto da un certo B. Simon nel 1216, [78] però l'istituzione, come tale, fu pressochè estinta verso la metà del secolo X.

Nè questa soppressione arrecò alcun pregiudizio al Vescovo, perchè un'altra figura, sorta quasi contemporaneamente al Corepiscopo, era venuta ormai acquistando un'importanza gigantesca nel diritto ecclesiastico quale Vicario del Vescovo e questi era l'Arcidiacono.

ARTICOLO II.

L'ARCIDIACONO.

§ 1. *Nome. Origine. Nomina.*

a) Nome. Arcidiacono, dal greco «'Αρχιδιάκονος», latino Archidiaconus, significa il primo dei Ministri.

b) Questo nome è antichissimo nella terminologia eccle-

---

[73] Cfr. Hinschius, *Decretales Ps. Isidorianae*, pag. 510, 515.

[74] Gottlob, *op. cit.*, pag. 123, 126. Per altre falsificazioni di documenti, vedi lo stesso autore nelle pagine seguenti.

[75] *Concilio di Metz*, Cap. 8, Mansi, XVIII, 80.

[76] Gottlob, *op. cit.*, pag. 143, 145.

[77] Cifr. Migne, P.L., CL, 53 e secq.

[78] Wilkins, *Concilia Magnae Brittaniae et Hiberniae*, I, pag. 547.

siastica. L'autore del Pontificale Romano fa menzione di S. Stefano Arcidiacono di S. Lucio Papa (523-254) e di S. Sisto II, (257-258) i quali regnarono nella metà del secolo terzo. [79] Nel secolo IV, questo nome divenne più familiare e, tra la fine di questo secolo e la metà del seguente, il suo officio si stabilirà definitivamente e prenderà una fisonomia propria. L'origine di questa istituzione, come quella del Corepiscopo, si deve attribuire al crescere continuo delle occupazioni dei Vescovi. L'istituzione del Corepiscopato aveva rimediato solamente in parte al bisogno di aiuto che il Vescovo aveva perchè, come abbiam visto, il Corepiscopo si occupava solamente delle campagne e villaggi e, per sè, non aveva nulla a che fare con la città vescovile e non aveva nessuna giurisdizione nell'episcopio. Sicchè il Vescovo ebbe bisogno ancora di una persona che lo aiutasse nel disbrigo degli affari, specialmente di amministrazione esterna, che si venivano sempre più accumulando nella città vescovile e scelse, per questo officio, il primo dei diaconi, i quali, in numero di sette, fin dai tempi degli Apostoli, venivano ordinati e posti in ogni città vescovile perchè aiutassero il Vescovo nell'amministrazione temporale della diocesi. [80] Questo principe dei diaconi si chiamò Arcidiacono.

c) Nomina. Alcuni vogliono che l'Arcidiacono fosse il più anziano dei diaconi, rispetto all'ordine, però non era necessariamente così poichè la natura stessa dell'officio a cui veniva assunto, richiedeva piuttosto la scelta di colui che fosse giudicato competente di adempiere il suo officio. Inoltre, l'Arcidiacono veniva eletto e non vi sarebbe stata certamente nessuna necessità di elezione se l'officio dell'Arcidiacono fosse ricaduto al più anziano di ordine. Da chi veniva eletto?

Anche quì si ha una duplice sentenza. Alcuni vogliono che veniva eletto dai Diaconi, mentre altri sostengono che egli veniva costituito dal Vescovo. Devoti, concilia le due sentenze col dire che forse egli veniva eletto dai Diaconi, però il Vescovo ne approvava l'elezione, sicchè l'Arcidiacono prendeva

---

[79] Devoti, *Institutiones canonicae.*, II. pag. 222.

[80] Scmalzgrueber, *op. cit.*, tit. XXIII, pa. 135.

l'amministrazione del suo officio e ne otteneva la giurisdizione dall'autorità del Vescovo confermante. Quindi l'elezione dei diaconi sarebbe stata inutile se non fosse pervenuta l'autorità del Vescovo per mezzo della quale solamente l'Arcidiacono veniva costituito in officio. [81]

§ 2. *Officio dell'Arcidiacono*

Nel trattare del suo officio di giurisdizione, ciò che veramente è di importanza per noi, stabiliremo tre periodi in modo che ne possiamo vedere, con maggior chiarezza, l'origine, lo sviluppo e la fine. Il primo periodo abbraccierà i primi cinque secoli, il secondo andrà dal secolo V alla pubblicazione degli Decretali di Gregorio IX, ed il terzo, da questo periodo fino al Concilio di Trento.

I. Periodo. Dal secolo III al V.

La giurisdizione dell'Arcidiacono cominciò con proporzioni veramente modeste. Come il primo dei Diaconi, la sua autorità non si estese, al principio, al di là del capitolo diaconale ed al di là dei chierici minori, Dentro la chiesa, a nome del Vescovo, egli assegnava loro i diversi posti ed offici durante le funzioni,[82] leggeva o faceva leggere le lezioni dell'Ufficio Divino ed assisteva il Vescovo durante le sacre funzioni ed ordinazioni. Nell'ordinazione del suddiaconato, infatti, dopo che il Vescovo aveva consegnato all'ordinando la poteva con il calice vuoto, l'Arcidiacono gli consegnava le ampolline con l'acqua ed il manutergio, e, nell'ordinazione all'Accolitato, egli solo, l'Arcidiacono, consegnava all'ordinando, il candeliere con la candela e le ampolline vuote.[83] Fuori della chiesa, egli prendeva cura dei ragazzi, delle vedove e dei pellegrini; sorvegliava i costumi e le abitudini dei chierici, istruiva i giovani destinati al ministero nelle scienze secolari, nel

---

[81] Devoti, *op. cit.*, pag. 222.

[82] Ferrarirs, *Bibliotheca*, I, pag. 380.

[83] *Concilio Cartaginese IV*, can. 5, 6., Mansi, III, 951.

canto e nei servizi divini, li esaminava prima delle ordinazioni e li presentava al Vescovo.[84] Col decorso del tempo, però e col crescere sempre più delle occupazioni del Vescovo, quest'officio era destinato ad assumere un'importanza ben più grande e non si tardò ad averne indizi fin dal secolo IV stesso. Da ora in poi, infatti, comincieremo a vedere nell'Arcidiacono non più un semplice sorvegliante dei diaconi e del clero minore, ma l'*Oculus Episcopi*, il *Vicarius Episcopi in omnibus* ed il suo officio, che prima era sotto stretta dipendenza ed ordine del Vescovo, comincierà ad acquistare un carattere giuridico suo proprio.

Il Concilio Toletano I, dopo aver fatto molti decreti per la disciplina ed i costumi del clero, comanda agli Arcidiaconi che, sia che i Vescovi siano presenti o assenti, essi l'inculchino e comandino ai Presbiteri di osservarli.[85] Più tardi il Concilio Calcedonese IV, contiene molti testi in cui si dimostra chiaramente l'autorità grandissima dell'Arcidiacono specialmente quando la sede vescovile è vacante. Negli stessi atti del medesimo Concilio si rileva che l'Arcidiacono Ezio fu il principale promotore di esso e, tra i 360 nomi di Vescovi, si trovano i nomi di molti Arcidiaconi i quali tennero il luogo dei loro Vescovi e firmarono gli atti del Concilio per loro.[86] Verso la fine del secolo V, dunque, il Vescovo aveva il suo Vicario *in civitate* ed un fatto avvenuto verso la metà di questo secolo ci rivela che il suo officio era ormai così bene stabilito che, per quanto il Vescovo fosse libero nella elezione del suo Arcidiacono, non lo era parimenti nella remozione di esso senza avere una giusta ragione ed il dovuto processo.

Circa il 450, Anatolio, Patriarca di Costantinopoli, per privare un tale Ezio della potestà di Arcidiacono, lo ordinò sacerdote e pose al suo posto un certo Andrea. Il Papa Leone I venne a saperlo e scrisse immediatamente ad Anatolio comandandogli di rimettere al suo posto Ezio, ciò che Anatolio fece prontemente e ne rese consapevole il Papa dicendo,

---

[84] Schroder, *Entwickelung des Archidiakonats*, pag. 25 e secq.
[85] *Concilio Toletano I*, cap. XX., Mansi, III, 1002.
[86] Tomassino, *op. cit.*, P. I., lib. II, cap. 17, n. 5.

"*.....Reverendae nostrae ecclesiae Prosbyter Aetius in priore loco atque honore nobis est restitutus.....*" [87]

II Periodo. Dal secolo V al XIII.

Dal secolo V al XII e parte del XIII, l'autorità e giurisdizione dell'Arcidiacono crescono continuamente. Egli diviene, in una parola, il Vicario generale ed universale del Vescovo tanto che Venanzio Fortunato, scrivendo verso la metà del secolo VI sulla potestà data dal Vescovo all'Arcidiacono, dice che essa non ha limiti e non esita a chiamarlo "*Minister Magnus*".[88] La sua giurisdizione, da ora in poi, si estenderà su tutti i chierici, anche maggiori e sia in materia volontaria che in materia contenziosa. Il Concilio Aureliano IV stabilisce che se i chierici e parroci delle chiese che sono poste in "*Potentum domibus*" non ascoltano gli avvisi dell'Arcidiacono, essi debbono essere puniti da questi "*secundum qualitatem ordinis sui.*" [89] Nel Concilio Antiocheno IV, parimenti, si legge che se l'Arciprete conoscesse che qualche Presbitero o diacono o suddiacono, dopo l'ordinazione avesse commesso adulterio e non ne avertisse il Vescovo o l'Arcidiacono, "*integro anno non communicet*" [90] e nel canone 23 dello stesso Concilio si stabiliscono pene gravissime per gli Abati che non rimuovono i monaci delinquenti o non ne avvertono il Vescono ovvero l'Arcidiacono.[91] A lui si dà anche l'incarico di convocare i chierici e presbiteri al Sinodo e di infliggere una multa se non obbedissero.[92] Questi pochi esempi bastano a dimostrarci che l'Arcidiacono si pone ora immediatamente dopo il Vescovo. "*Il Vescovo o l'Arcidiacono*" e che quindi egli, in importanza e giurisdizione, viene immediatamente dopo di lui quale suo Vicario *in omnibus*. Perfino

---

[87] Tomassino, *op. cit., loc. cit.*
[88] Tomassino, *op. cit.*, P. I., lib. II, pag. 278.
[89] *Concilio Aureliano IV*, can. 24., Mansi, IX, 117.
[90] *Concilio Aureliano IV*, can. 20., Mansi, IX, 914.
[91] Mansi, IX, 914.
[92] *Sinodo Medese*, can. 3., Mansi, XII, 571.

l'Arcipresbitero deve sottostare a lui. Sant'Isidoro di Spagna lo dice chiaramente. "*Archipresbyter vero, se esse sub Archidiacono eiusque praeceptis, sicut Episcopi sui, sciat oboedire.*"[93]

Giova quì ricordare che verso la fine del secolo VI, in Francia sorse la pratica di istituire i così detti Arcidiaconi rurali i quali venivano preposti ad Arcidiaconie che si venivano formando al di fuori della città vescovile. Più tardi, verso il secolo VIII e IX, specialmente per la decadenza e la soppressione del Corepiscopato, questa pratica divenne più comune e non tardò ad estendersi nelle altre Nazioni, (Inghilterra, Germania etc.) [94] Aboliti i Corepiscopi, quelli che prima erano i diversi corepiscopati della diocesi, si cambiarono in altrettanti o più Arcidiaconati rurali, con a capo di ciascuno di essi un Arcidiacono rurale. Tutti questi Arcidiaconi ed Arcidiaconati caddero sotto la sorveglianza e giurisdizione dell'Arcidiacono *civitatis* e questo fatto fu un coefficiente grandissimo della importanza dell'Arcidiacono del Vescovo. La sua giurisdizione, che prima era delegata, diviene ora ordinaria, quello che prima faceva *iure delegato seu vicario* ora lo fa *iure proprio.* Egli si attribuisce, oltre ai poteri giudiciali anche quelli amministrativi ed il suo ministero che prima era un semplice officio dipendente dall'arbitrio e volontà del Vescovo, si cambia ora in beneficio e dignità.[95] Agisce in nome del Vescovo anche quando questi è assente; visita le parrocchie della diocesi e corregge ciò che si deve correggere; da possesso ai beneficiati, sente e giudica le liti dei chierici e, finalmente, ha la cura generale di tutte le parrocchie ed altre chiese della diocesi. "*....quam (sollicitudinem) in loco Episcopi in foro externo exercet.*" [96]

Tra il secolo IX e X, un notevole cambiamento si verifica in questa istituzione. Con l'istallazione e consolidamento

---

[93] Tomassino, *op. cit. loc. cit.*

[94] Maroto, *Institutiones Iuris canonici.* II, pag. 83, 84.; De Meester, *op. cit.*, II, n. 723.

[95] Van Espen. *Jus Ecclesiasticum Universum*, Lib. I. tit. XII, pag. 73. De Meester *op. cit. loc. cit.*

[96] Schmalzgrueber, *Ius Ecclesiasticum Universum*, tit. I, pars altera, pag. 136.

dei benefici ecclesiastici, quello che prima costituiva la massa comune beneficiale della diocesi, ora viene divisa in beneficii distinti. Il Vescovo ha la sua mensa, il Capitolo e gli altri beneficiati hanno le loro rendite. Ciò produsse un certo distacco tra il Vescovo ed il suo Arcidiacono. Quest'ultimo, come membro del capitolo, ha la sua prebenda canonicale di cui ne prende ora l'amministrazione diretta e personale, quindi anzichè considerarsi il ministro di un prelato, si considera un prelato egli stesso, con cura di anime e con ministri che lo assistono.[97] Naturale consequenza di questo è che la sua giurisdizione è divenuta distinta da quella del Vescovo; sarà inferiore ad essa, è vero, sarà di prima istanza, ma è ordinaria e costituisce una competenza diversa.[98] L'Arcidiacono, come il Vescovo ha i suoi ministri, i suoi officiali e perfino il suo Vicario che lo supplisce nell'amministrazione del suo Arcidiaconato e del suo beneficio che veniva sempre più ingrandendosi e divenendo considerevole ed ambito. Istituisce parroci e decani nel suo territorio a nome suo, interdice e scomunica quando il Vescovo trascuri di farlo.[99] Egli ha una corte propria, un tribunale suo proprio da cui si può fare appello a quello del Vescovo,[100] decide le cause matrimoniali ed, in una parola, il suo officio di giudice e di ordinario è divenuto tanto importante che nessuno può essere più costituito Arcidiacono almeno che non abbia 25 anni e che non sia dottore o perito in diritto canonico, e se non lo fosse, deve andare a studiare diritto per tre anni e lasciare un Vicario al suo posto.[101]

Il Decreto di Graziano pubblicato verso la metà del secolo XII, segna un altro passo verso la grandezza di questo già importante personaggio ecclesiastico perchè esso codifica le varie disposizioni che i concilii avevano prese in riguardo alla sua attività o giurisdizione. Solamente quelli che hanno ricevuto l'ordine del diaconato possono essere eletti dai Vescovi a

---

[97] Fournier, *Les origines du Vicaire Général*, pa. 46.
[98] Wernz-Vidal *Jus Canonicum*, II, n. 634.
[99] Cfr. Chelodi, *Jus de Personis*, n. 199.
[100] *Concilio Clarendonense*, can. VIII., Mansi, XXI, 1189.
[101] *Conc. Budense*, Cap. 38, Mansi, XXIV, 287.

questo officio e tutti quegli Arcidiaconi che esercitassero il loro officio senza aver prima ricevuto il diaconato devono essere ordinati e, "....*si inoboedientes ordinari contempserint, honore suscepto priventur.*" [102] L'Arcidiacono è il *Coadiutor* del Vescovo nelle Ordinazioni dei chierici, "....*et clerici qui coman nutriunt, ab Archidiacono etiam si noluerint, inviti detondeantur.*" [103] Egli comanda ai suddiaconi e leviti, bada a che i divini officii vengano svolti con decoro, "....*ipse inquirit parochias, cum iussione Episcopi.... Ab Archidiacono nuntiantur Episcopo excessus diaconorum, ipse denuntiat Sacerdoti in sacrario ieiuniorum dies, atque solemnitatum et ab ipso publice in ecclesia praedicatur....*" Se in qualunque modo venisse a mancare l'Arciprete *in plebibus*, "....*Archidiaconus quanto citius proficiscatur illuc*" e con i sacerdoti ed il popolo provveda alla elezione di un altro Arciprete.[104] Allo stesso tempo si proibisce loro di onerare con tasse i sacerdoti ed Arcipresbiteri della diocesi, nè possono essi conferire prebende e chiese con cura di anime senza il permesso del Vescovo.[105]

L'apice della sua grandezza, questa dignità ecclesiastica sembra l'abbia raggiunto al principio del secolo XIII. Le Decretali di Gregorio IX, infatti, che consacrano un titolo intero all'Arcidiacono, ci danno un'idea chiara della sua potenza nel diritto di quel tempo. "Ut Archidiaconus post Episcopum sciat se Vicarium eius in omnibus et omnem curam in clero (tam in urbe positorum quam eorum qui per paroecias habitare noscuntur) ad se pertinere.... Et ut de tertio in tertium annum, si Episcopus non potest, paroeciam universam circumeat et cuncta quae emendatione indigent, ad vicem sui Episcopi corrigat ed emendet." E più tardi, "....Secundum vero romani ordinis constitutionem, maior post Episcopum, et ipsius Episcopi Vicarius (Archidiaconus) reperitur...." [106] Se però

---

[102] *Decretum Gratiani*, Dist. LX, cap. I e II.
[103] *Decretum Gratiani*, Dist. XXIII, cap. 25 e secq.
[104] *Decretum Gratiani*, Dist. XXV, cap. I.; Dist. IV, cap. 20.
[105] *Decretum Gratiani*, Dist. 94, cap. III.; Causa XVI, quest. VII, cap. 11.
[106] *Decretales Gregorii IX*, tit. XXIII, cap. I.

le Decretali marcarono l'apice della sua grandezza, esse marcano anche il principio della sua decadenza.

III. Periodo. Dal secolo XIII al Concilio di Trento.

Che cosa era avvenuto? Come abbiamo già brevemente notato, verso il secolo X, l'Arcidiacono si era cominciato a distaccare giuridicamente dal Vescovo e, nel secolo XII si era reso addirittura indipendente da lui. Egli aveva il suo tribunale, i suoi officiali, i suoi vicarii, la sua amministrazione, e questo fatto aveva distrutto, in certo modo, il fine stesso per cui egli era stato istituito. E, quasi questo non bastasse, aveva accumulato tanti abusi di attribuizioni e giurisdizione che, invece di essere di aiuto al Vescovo, gli si era reso di imbarazzo e minaccia, specialmente per il fatto che, essendo egli un Vicario Nato, il Vescovo non poteva disfarsene a suo piacere. Anzi non era raro il caso in cui il Vescovo si trovava di fronte ad Arcidiaconi i quali, o perchè eletti a quest'officio dal Capitolo della Cattedrale indipendentemente dal Vescovo o per nomina regia, ovvero perchè succeduti all'Arcidiaconato per successione ereditaria, si dichiaravano indipendenti dall'Ordinario in cose di amministrazione e giurisdizione,[107] e spesso si schieravano addirittura contro il loro Vescovo.

Questo stato di cose produsse disgusto e desiderio da parte dei Vescovi di reprimere gli abusi, di limitare la giurisdizione e, finalmente di disfarsi addirittura di questo personaggio ecclesiastico. Fin dal secolo IX, si cominciano a riscontrare canoni di concilii che lamentano gli abusi degli Arcidiaconi,[108] ed il Concilio Laterano III, più degli altri, dimostra chiaramente la tendenza del tempo di reprimerne gli abusi. In esso si proibisce che impongano tasse ai parroci durante le loro visite canoniche e si avvertono che non abusino della potestà

---

107 Dugan, *The Judiciary department of the Diocesan Curia*, pag. 19.

108 *Conc. Cabilonense*, can. XV, Mansi, XIV, 90.; *Hicmari Rhemensis Arch. Capitula*, cap. I e secq, Mansi, XV, 947, ed altri ancora.

che hanno di sospendere e scomunicare.[109] Si rimproverano e minacciano gli Arcidiaconi simoniaci,[110] si proibisce loro che istituiscano persone nelle chiese e che affidino la cura delle anime senza aver prima consultato il Vescovo; che occupino e ritengano le chiese vacanti e che ritengano più di un Arcidiaconato.[111] Più tardi, nel concilio Rotomagense, si proibisce loro che giudichino le cause matrimoniali, a meno che non abbiano questo privilegio dalla Santa Sede, o da antica consuetudine, poichè ciò spetta al Vescovo o al suo Officiale,[112] e, nello stesso anno, 1231, il Concilio *apud Castrum*, proibisce che abbiano Officali *extra civitatem*.[113] Nel 1238 il Concilio *apud Campicanum*, parimenti proibisce agli Arcidiaconi di costituire Vicari, a meno che non siano assenti per giusto motivo.[114] Più tardi, si proibisce "*ne causas audiant, seu placita teneant, praesentibus Episcopis suis*" [115] e, verso la metà del secolo XIV, il concilio Marcianense nel capitolo IV, sotto il titolo *De officio Arcidiaconi* stabilisce quanto segue: "Statuimus ut nullus Archidiaconus, de causis Matrimonialibus vel sponsaliorum cognoscere, vel censura ecclesiastica uti valeat, sine mandato sui Episcopi speciali, et si aliter praesumptum fuerit, *viribus careat ipso facto, nec de praescripta legitima consuetudine aliud sibi competet in hoc casu.*" [116] Ed il Concilio di Praga "*Permittimus*, (si noti, permittimus) ut Archidiaconi iuxta aliqua statuta ecclesiae Moguntinae, personaliter in suis sedibus residentes, si iuris habeant peritiam, seu assertores peritos, causas matrimoniales et usurarum audire et definire valeant, causis aliis dioecesanis Episcopis et ipsorum Officialium examinis reservatis. Iudicata per eos praeter quam

---

[109] *Conc. Lateranense III*, cap. III, IV, VI., Mansi, XXII, 219, 220.

[110] *Conc. Later. III*, *De Simonia*, cap. III, IX, XIII,. Mansi, XXII, 274 e secr.

[111] *Con. Lat. III*, *De Excessibus etc.* cap. I, II, III, V., Mansi, XXII, 364.

[112] *Conc. Rotomagense*, cap. XIII., Mansi, XXIII, 215.

[113] *Conc. apud Castrum*, cap. XII, Mansi, XXIII, 236.

[114] *Conc. apud Campicanum*, cap. V., Mansi, XXIII, 488.

[115] *Concilio Salmadicense*, cap. VII., Mansi, XXIII, 811.

[116] Mansi, XXV, 777.

in casibus supradictis, *sint irrita ipso iure.* Et nihilominus per loci dioecesanum a suis officiis suspendatur...." [117]

Se leggiamo il titolo *De officio Archidiaconi* del Concilio Anglicano tenutosi nel 1509, ci sembrerà di rileggere i canoni dei concilii del secolo III e IV, poichè, per quanto riguarda la giurisdizione e l'officio dell'Arcidiacono, si è tornati alla disciplina dei primi secoli. Secondo questo concilio, l'officio dell'Arcidiacono è di sorvegliare i sacerdoti perchè conoscano le parole del Canone e perchè amministrino il sacramento del Battesimo secondo il rito della Chiesa. Egli deve tener cura degli utensili sacri e conservare l'inventario di tutti gli oggetti della chiesa, deve provvedere a che gli ornamenti dell'altare siano decenti ed a che i sacerdoti abbiano ed usino libri idonei al servizio divino.[118] Non una parola degli alti offici che egli soleva esercitare nei secoli passati, non un cenno si ha della sua stragrande giurisdizione. Se questi decreti e canoni si confrontano con le disposizioni del Concilio Tridentino, possiamo dire che quest'ultimo uccise un uomo morto, ovvero che proibì, per legge generale, ciò che le diverse legislazioni provinciali avevano già proibito. Nella sessione XXIV (de reform.), capitolo III, si proibisce all'Arcidiacono di visitare le chiese se non ne sia prima stato autorizzato dal Vescovo ed anche in quest'ultimo caso, deve dar conto a lui di tutto. Nel capitolo XX, gli si nega la facoltà di conoscere le cause matrimoniali e, nella sessione XXV, (de reform.), capitolo III e XIV, gli si proibisce rispettivamente di scommunicare e di procedere contro i chierici infedeli, il che equivalse a togliergli l'intera giurisdizione,[119] e così, come il primo, morì anche il secondo vicario del Vescovo e di essi oggi ne rimangono le sole vestiglia, poichè il Corepiscopo si può dire che sia rappresentato dai Vicari Foranei odierni e, dell'Arcidiacono è rimasto il solo titolo nelle chiese cattedrali, specialmente quelle di Francia ed Italia, con l'officio di assistere il Vescovo nelle

---

[117] Mansi, XXVI, 78.

[118] *Concilio Anglicano, De officio Archidiaconi*, Mansi, XXXI, 475.

[119] Werns-Vidal, *op. cit., loc. cit.;* Chelodi, *op. cit., loc. cit.*

cerimonie solenni e di chiamare gli ordinandi quando si fanno le ordinazioni sacre. (Cfr. Pontificale Romanum, pag. 22, 42, 45, 56, 58.)

Potrà sembrare che ci siamo trattenuti troppo ad illustrare questi due personaggi ecclesiastici, però l'abbiamo creduto necessario, sia per la chiarezza dei capitoli che seguono e sia perchè, leggendo gli antichi documenti e gli antichi canonisti quando trattano di essi e li chiamano *Vicarius Generalis Episcopi, Vicarius in omnibus, Vicarius in spiritualibus et temporalibus*,[120] sembra si debba concludere che essi fossero stati esattamente quelli che noi oggi chiamiamo Vicari Generali del Vescovo, il che sarebbe incorretto. Indubbiamente essi furono i Vicari del Vescovo dei primi secoli e perciò, in certo modo i predecessori del nostro Vicario Generale e, come tali, meritano tutta la nostra attenzione in questo trattato, però essi non furono Vicari nel senso e nella natura dell'odierno Vicario Generale del Vescovo.

Quanto abbiam detto fin quì, infatti ci dimostra chiaramente che nè il Corepiscopo, nè l'Arcidiacono possiede le tre note caratteristiche principali che, come abbiamo notato nelle prime pagine, costituiscono la personalità giuridica del nostro Vicario Generale, vogliamo dire,

1) giurisdizione universale nelle cose spirituali e temporali,
2) estesa all'intero territorio della diocesi ed a tutti i membri di essa.
3) esercitata nello stesso tribunale del Vescovo.

Il Corepiscopo, infatti, aveva giurisdizione limitata al solo territorio del suo Corepiscopato, l'esercitava nelle cose spirituali solamente e non a nome suo o come un altro *Ego* del Vescovo, ma come un delegato di lui e sotto i suoi ordini. In quanto all'Arcidiacono, dobbiamo dire che se, al principio, sembrò che avesse tutte le caratteristiche quasi uguali a quelle dell'odierno Vicario Generale, le perdette ben presto quando di-

---

[120] Cfr. Bouix, *De iudiciis eccl.* P. II, sez II, cap. 2, § 2, quest. 4. pa. 317.

venne Vicario Nato e perpetuo ottenente giurisdizione *a iure* e non *ab homine* e, finalmente, quando si formò un tribunale suo proprio, di prima istanza, totalmente distinto da quello del suo Vescovo. Ci fa duopo, perciò, di ricercare ancora le origini del nostro Vicario Generale e ci proponiamo di farlo nel seguente capitolo.

CAPITOLO II.

L'OFFICIALE DEL VESCOVO. IL PROCURATORE GENERALE DEL VESCOVO. IL VICARIO GENERALE DEL VESCOVO

ARTICOLO I.

LA DOTTRINA DEGLI AUTORI SUL VICARIO GENERALE

Prima di intraprendere la trattazione diretta di questo capitolo, crediamo necessario, per amor della chiarezza, di esporre, in maniera molto sintetica ,quale fu la dottrina comune, riguardo all'origine del Vicario Generale del Vescovo, fino all'anno 1922, fino a quando, cioè, il Fournier venne a rivoluzionare la dottrina che era stata comunemente accettata per secoli.

§ 1. *La dottrina comune fino al* 1922.

Tutti gli autori, antichi e moderni, ammisero senza esitazione che il Vicario Generale del Vescovo non discende nè dal Corepiscopo, nè dall'Arcidiacono, anzi fu sentenza comune che egli sorse appunto per combattere quest'ultimo. Quando poi essi vennero alla determinazione della sua origine, tutti unanimamente insegnarono che egli non è che l'antico *Officialis Episcopi* il cui nome, nel secolo XIII, fu cominciato ad usare promiscuamente con quello di Vicario Generale e poi si finì col distinguerli nettamente per indicare, l'uno l'aiutante del Vescovo incaricato nell'esercizio della giurisdizione contenziosa e l'altro di quella volontaria. La confusione dei due nomi, sembra sarebbe provenuta dal fatto che in Italia e luoghi vicini, si ebbe sempre il solo Vicario Generale, mentre nelle nazioni ultramonatne, specialmente in Francia, Inghilterra, Belgio e Spagna, si ebbe l'Officiale, il cui officio fu uguale a quello del Vicario Generale *more italico.*[1]

Quando sorse quest'Officiale o Vicario Generale? L'autore che per primo più diffusamente trattò, storicamente, questo soggetto fu il Tomassino il quale, con lo stabilire che l'istituzione dell'Officiale fu l'effetto della lotta ingaggiata dai Vescovi, nel secolo XII e XIII, contro gli Arcidiaconi per causa dei loro abusi, ne fissa l'origine al secolo XIII e precisamente negli anni immediatamente seguenti al Concilio Laterano IV del 1215 dove, nel canone X, si esortano i Vescovi a costituirsi dei *Coodiutores et cooperatores.* Sull'identità dei due termini *Officialis* e *Vicarius Generalis*, l'autore si esprime in modo molto chiaro. "E' bene notare, dice egli, che l'Officiale ed il Grande Vicario sono la stessa cosa perchè la giurisdizione volontaria e la conteziosa, a quel tempo, non erano distinte come lo sono ora." [2]

L'Officiale dunque, secondo l'autore, sorse per scacciare l'Arcidiacono, apparve nel secolo XIII e fu sinonimo di Vicario Generale. Le teorìe del Tomassino furono generalmente ammesse da tutti i dottori posteriori fino al secolo XIX. Ci piace quì riferirci, brevemente al Bouix, per la sicurezza con cui egli vuol dimostrare che l'Officiale ed il Vicario Generale sono la stessa cosa. Nella parte seconda, sezione seconda, capitolo secondo, paragrafo terzo del suo lavoro *Tractatus de iudiciis ecclesiasticis*, sotto il titolo "*De Vicariatu Generalis et Officialitatis essentiali identitate*" il chiaro autore comincia col notare che, siccome in alcune regioni c'è l'uso di distinguere il Vicario Generale dall'Officiale, si può essere indotti a credere che il loro officio e giurisdizione fosse diverso. Dopo di questo, passa a provare la sua proposizione Ia. *De iure communi, Vicarii Generalis et Officialis nomina, synoni-*

---

1 Wernz-Vidal, *Jus Canonicum*, II, n. 364.

2 Tommasino, *op. cit.*, P. I, lib. II, cap. VIII.

ma sunt et idem omnino officium exprimunt.[3] La forza dei suoi argomenti l'autore la trova principalmente in due capitoli del Libro VI delle Decretali di Bonifacio VIII. Nel capitolo *Cum nullus,*[4] parlandosi della facoltà di dare le lettere dimissorie, si stabilisce quanto segue; "Inferiores quoque praelati.... vel Officialis Episcopi, huiusmodi nequeunt licentiam impertiri. Episcopo autem in remotis agente, ipsius in spiritualibus Vicarius Generalis, vel, sede vacante, Capitulum.... dare possunt licentiam ordinandi." È chiaro, dice l'autore, dal contesto e dalla comune interpretazione dei canonisti, che quello stesso che prima viene chiamato *Officialis,* è chiamato, poco dopo Vicario Generale. Nel capitolo *Cum in generali* l'espressione "*Officialis aut Vicarius Episcopi, beneficia conferre non possunt*" [5] dimostra per l'autore, il quale anche questa volta si appoggia all'opinione di *molti canonisti,* che questi due nomi sono sinonimi ed i loro offici identici, e conclude il suo argomento col dire che, se rimanesse ancora qualche dubbio, esso viene tolto dal Concilio di Trento dove, nella sessione XXIV, de reform. capitolo XVI, si stabilisce che *sede vacante,* il capitolo può eleggere l'Officiale *seu Vicarium Generalem.* Quest'espressione, secondo il Buix, unita ad altre seguenti, dimostra chiaramente che i Padri del Concilio Tridentino, per Officiale e Vicario Generale intendevano la stessa cosa.

A questo primo argomento il Bouix ne aggiunge un secondo e lo fonda sull'insegnamento dei dottori, specialmente il Ferraris ed il Leurenio e, dopo aver completato lo svolgimento della sua tesi con altre *Propositiones,* ne stabilisce un'altra, la 5a, in cui dice che la differenza tra l'Officiale ed il Vicario Generale, nelle regioni in cui questi due offici si distinguono, non proviene dalla loro diversa giurisdizione, ma dal precetto del Vescovo che comanda all'uno l'esercizio della giurisdizione contenziosa ed all'altro quello della volontaria. "*Discrimen Officialem inter et Vicarium Generalem, in iis regionibus in*

---

[3] Bouix, *De iudiciis eccl.*, pag. 381.
[4] *Lib. VI.* lib. I, tit. IX, cap. III.
[5] *Lib. VI,* lib. I, tit. XIII, cap. III.

quibus duo haec officia distinguuntur, non provenit ex diversa eorum iurisdictione, sed ex praecepto Episcopi, ut unus voluntariam, alter contentiosam dumtaxat iurisdictionem exerceat."[6] Fino alla metà del secolo XIX, dunque, non si ebbe un autore discordante sulla dottrina del Tomassino.

Il primo ad obbiettare, in parte, alla dottrina comunemente accettata fino ad allora, fu Paolo Hinschius,[7] il quale dimostrò che gli Officiali esistettero prima del Concilio Laterano IV e che perciò gli *Adiutores et Cooperatores* di cui parla quel concilio non possono essere gli Officiali. Ad Hinschius si unì, poco più tardi Paolo Fournier il quale nel suo libro *Les Officialites au Moyen Age*, (1880), ne stabilisce l'origine, tra il 1170 ed il 1180, in Francia dove il primo Officiale, secondo l'illustre autore, sarebbe sorto nella Archidiocesi di Reims "Nous crayons... que les Èvêques commencèrent á se faire représenter par des Officiaux, dans la second moitié du XII siècle et que cette institution devint général au XIIIe siècle." Egli ammise, peraltro, l'identità, da principio, dell'Officiale col Vicario Generale la cui separazione, secondo lui, sarebbe avvenuta dopo il secolo XIII e, parlando della causa che fece sorgere quest'Officiale, dice che, oltre alla lotta dei Vescovi contro gli Arcidiaconi, molto contribuì alla loro istituzione la rifioriscenza del diritto giustinianeo ed il posto d'onore che fu dato al diritto nel foro ecclesiastico.[8] Paolo Fournier, dunque, come nota Edoardo Fournier, vede nell'Officiale piuttosto un *Judex Episcopi*.[9]

A Paolo Fournier fece eco Carlo Schmalz, nel 1889, con la sua dissertazione *De instituto Officialis sive Vicarii Generalis Episcopi*, il quale ritiene l'opinione del canonista francese sull'origine dell'Officiale e si discosta da lui solamente in questioni di minore importanza quali, per esempio, il luogo dove prima questo officiale sarebbe sorto etc. Lo

[6] Bouix, *op. cit.*, pag. 384.

[7] Hinschius, *System des Katholischen Kircherechts*, § 87, pag. 205, 227.

[8] Fournier, *Les origines du Vicaire Général*, pag. 22.

[9] Fournier, *op. cit.*, pag. 23.

Schmalz ritiene che, verosimilmente, i primi Officiali si ebbero nelle ampie diocesi di Inghilterra al tempo di Alessandro III, (1159-1181) sia perchè sotto il suo pontificato i tribunali ecclesiastici operavano "*ad instar tribunalium secularium*" sia anche perchè cola, più che altrove, gli eccessi degli Arcidiaconi costrinsero i Vescovi a diminuire la loro potestà col trasferirla ai loro Officiali.[10] Egli riconosce, peraltro, che in Francia, già nella seconda metà del secolo XII, essi esistevano. Circa la reciprocità dei termini Officiale e Vicario Generale, l'autore a principio sembra che ne voglia dubitare con l'osservazione che fa sull'espressione che si trova nel Decreto di Gregorio IX *Cum in Generali*, "*Aut*, egli dice è particella disgiuntiva, quindi sembra che voglia determinare due offici contrarii", però, trasportato poi dalla dottrina comune corrente sulla reciprocità dei due nomi ed identità di officio, spiega la sua propria obiezione col dare una interpretazione tutta sua propria al testo citato. "*Sententia mea autem*, egli continua, *citatus locus interpretandus est ita*: Officialis, (ut adiutor Episcopi in iurisdictionis negotiis hic, (*oltre i monti*) dicitur) aut Vicarius Episcopi, (ut alibi, [*al di quà dei monti, Italia e provincie vicine*] dicitur) beneficia conferre non possunt".[11] Evidentemente l'uno e l'altro, secondo lui, copriva lo stesso officio con nome diverso a seconda della località in cui si trovava, e, per spiegare la sua originale interpretazione al testo di Gregorio IX e riaffermare la sua idea, conclude col dire che, siccome questo decreto inserito nel VI° indica che la giurisdizione dell'officiale del Vescovo, generalmente coincide con quella del Vicario Generale, "........*sequitur quod nomina Officialis et Vicarii Generalis unum et idem generaliter significantia officium........ sunt synoyma.*"[12]

§ 2. *La dottrina del Fournier.*

In mezzo a queste controversie, sorse Edoardo Fournier il quale con il suo lavoro storico-canonico *Les origines du Vi-*

---

[10] *Scmalz, Le instituto Officialis sive Vicarii Generalis Episcopi*, pag. 9.

[11] Schmalz, *op. cit.*, pag. 22.

[12] Schmalz, *op. cit.*, *loc. cit.*

caire Général (Parigi, 1922) prende una direzione sua propria, nello studio delle origini del Vicario Generale, che è contraria a tutti gli autori fino allora esistenti. Cominciando dalla causa che originò l'istituzione, l'illustre autore dice che l'opinione attribuente l'origine del Vicario Generale alla lotta che i Vescovi ingaggiarono contro gli abusi degli Arcidiaconi, è priva di ogni fondamento storico.[13] Nega recisamente l'identità, al principio, dell'officio che ebbe l'Officiale con quello che ebbe il Vicario Generale e difende la sua tesi che cioè, sia per l'origine che per il fine d'istituzione, l'Officiale ed il Vicario Generale sono due funzioni totalmente distinte e che, conseguentemente, il Vicario Generale non proviene dalla divisione delle attribuzioni dell'Officiale primitivo, divisione che, secondo gli autori, sarebbe avvenuta nel secolo XIV. La confusione tra i due offici, secondo l'autore, fu fatta solamente nelle piccole diocesi d'Italia e d'intorni, mentre altrove, specialmente in Francia, Spagna, Belgio ed Inghilterra la distinzione dei due officii fu fatta sempre e rimase sempre in vigore. Quindi, egli conclude, il codice, nello stabilire che l'Officiale deve essere distinto dal Vicario Generale, (can. 1573 § 1) non ha fatto che tornare all'antica disciplina.[14] E quando il preclaro canonista passa a parlare dell'origine del Vicario Generale asserisce e prova che essi provengono dagli antichi Procuratori generali che solevano eleggersi dai Vescovi quando essi si dovevano assentare dalla diocesi ed ai quali quest'ultimi confidavano l'amministrazione plenaria ed universale della diocesi per tutto il tempo durante il quale essi erano assenti, "*in remotis agentes.*" La necessità di eleggere questi Procuratori generali, o come solevano chiamarsi anche Vicari o Vice Gerenti, si cominciò a sentire sempre maggiormente nel secolo XI e XII e, nel secolo XIII, l'istituzione di questo Vicario Generale per quando il Vescovo era assente, sembra che sia divenuta di diritto comune.[15]

Questo studio istorico-canonico fu acolto con grande in-

---

[13] Fournier, *op. cit.*, pag. 129.

[14] Fournier, *opl. cit.*, pag. 113 e secq.

[15] Fournier, *op. cit.*, pag. 97 e secq.

teresse tra i canonisti e per la logicità della procedura e per l'abbondanza dei documenti, molti inediti, che l'autore ha portato alla luce per sopportare la sua teoria. Le diverse Riviste di Diritto Canonico, specialmente le francesi,[16] sembrano inclinate, se non decise, ad aderire alla tesi del Fournier ed il Padre Vidal nel suo secondo volume del *Jus canonicum*, edizione 1928, riferendosi alle teorie del Fournier, dice "*Quae accurate, a praeclaro auctore disputantur, sunt omnino attentione digna.*[17] Molto favorevole è anche il comento su questo lavoro, fatto recentemente da V. Dalpiaz nel numero 4-5 dell'Apolinaris del 1929.[18]

L'unico, pare, che si ribelli al Fournier, è G. Mollat il quale, nelle sue note bibliografiche del volume XIX della *Revue d'histoire ecclesiastique* del 1923, pur riconoscendo che il lavoro è ben condotto ed appoggiato su documenti di valore, accusa l'autore:

1) di aver sollevato dei problemi difficili e suggerito delle ipotesi ingegnose, e

2) di non aver scritto un lavoro storico.[19]

Il Mollat ritiene l'antica dottrina che cioè il Vicario Generale è l'effetto della lotta dei Vescovi contro i loro Arcidiaconi.

A queste accuse il Fournier rispose con un opuscolo intitolato *Le Vicaire Général au Moyen age* nel 1923,[20] e con quella efficacia che è sua propria, confutò le obiezioni del Mollat e, con l'aggiunta di pochi altri documenti, prese l'occasione di riaffermare la sua tesi e di riprovare e la logicità della sua trattazione e la necessità della sua conclusione.

Noi crediamo che, tra i lavori fino ad ora esistenti su questo soggetto, quello del Fournier sia il migliore perchè, come vedremo nel corso di questo capitolo, i suoi argomenti

---

[16] Cfr. *Le canoniste contemporain*, 1922.; *L'ami du clergé*, v923.; *Le Moyen Age*, 1923, *etc.*

[17] Wernz-Vidal. *Jus Canonicum*, II, pag. 579, nota.

[18] *Apollinaris*, Settembre-Dicembre 1929, pag. 521 e secq.

[19] *Revue d'istoire ecclesiastique*, 1923, pag. 223 e secq.

[20] Parigi, *Chez l'auteur*, 7. *Rue de la Santi*, (13).

sono fondati su documenti storici di grande valore ed importanza. Seguendo perciò, in linea generale, le teorie dell'illustre canonico francese, noi divideremo questo nostro capitolo in tre parti e cioè:

1) L'Officiale del Vescovo.
2) Il Procuratore generale del Vescovo.
3) Il Vicario Generale del Vescovo.

Nella prima parte dimostreremo che l'Officiale, invece di essere l'effetto della lotta dei Vescovi contro gli Arcidiaconi, fu l'effetto di un riforma giudiziaria nella Curia Vescovile, e che il suo officio, fin dalla sua origine, fu principalmente quello di *Judex Episcopi.* Nella seconda parte vedremo che cosa ci dice il Fournier del Procuratore Generale del Vescovo e delle sue relazioni col Vicario Generale, e nella terza, finalmente, dopo aver brevemente analizzata la personalità giuridica del Vicario Generale del Vescovo dalla sua origine fino alla pubblicazione del Libro VI° delle Decretali di Bonifacio VIII, proveremo, come corollario, che l'officio del Vicario Generale fu, fin dalla sua origine, sempre distinto da quello dell'Officiale del Vescovo.

ARTICOLO II.

L'OFFICIALE DEL VESCOVO

§ 1. *Nome. Origine.*

Servendoci quasi delle parole stesse del Fournier,[21] cominciamo col dire che, poichè, secondo l'insegnamento degli storici del diritto ecclesiastico, il Vicario Generale è esistito, al principio, sotto il nome di Officiale e poi si è differenziato da quest'ultimo al principio del secolo XIV, ci è necessario studiare prima di tutto chi è questo Officiale, quando, perchè è sorto, e quale fu il suo officio.

1—Nome. Officiale, dal greco «τὸ περὶ καθήκοντος»

[21] Fournier, *op. cit.*, pag. 53.

significa "*ad officium pertinens*" ovvero "*de officio tractans,*" o "*Minister Magistratus*".[22] Sotto il termine generale Officiale, dunque, vengono tutti coloro che sono, in qualunque modo, investiti di qualche officio. Però, come ottimamente nota il Fournier,[23] questo termine, oltre ad avere un significato generale, ne ha anche uno tecnico ed è precisamente di quest'ultimo che noi ci dovremo occupare maggiormente. Nel senso generale, Officiale è sinonimo di Ministro perchè ambedue i termini specificano persone che esercitano un officio sotto la dipendenza di un superiore nel cui servizio essi si trovano. Ministro, infatti, è colui che sta al servizio di un Magistrato e di cui egli si serve per amministrare la sua giurisdizione.[24] Tutti coloro che esercitano una giurisdizione estesa possono avere siffatti Officiali o Ministri e, teste la storia, fin dai tempi più antichi, questi officiali o ministri si riscontrarono comunemente presso persone esercitanti giurisdizione sia ecclesiastica che civile. Dai documenti ecclesiastici, sembra che il termine *Ministro* fino al secolo XII fosse usato di preferenza al termine *Officiale.* Il Fournier cita documenti con cui prova che, fino al secolo XII, ecclesiastici rivestiti di un officio, specialmente se erano presso i Vescovi, venivano chiamati comunemente *Ministri.*[25] Verso il secolo XI, sempre secondo il Fournier, il termine Officiale, che prima per lo più veniva usato nel *Corpus Juris civilis,* cominciò ad apparire nella terminologia ecclesiastica in luogo di Ministro e, nel secolo seguente, questi due termini sono scambiati frequentemente ed usati come veri sinonimi. Quest'ultimo, *Officiale,* finisce col prevalere nella terminologia, però mantiene lo stesso significato e determina, come il termine *Ministro,* persone al servizio di qualche autorità per eseguire una parte più o meno importante, ed al principio del secolo XII le persone del cui aiuto il Vescovo si serviva per il governo della sua diocesi venivano chiamati col nome generico *Officiali.*

---

22 Forcellini, *Vocabularium totius latinitatis,* III, pag. 447.
23 Fournier, *op. cit., loc. cit.*
24 Cfr. Forcellini, *op. cit.,* III, pag. 473.
25 Fournier, *op. cit.,* pag. 57, nota 129.

Però, il termine Officiale ha anche, come abbiamo accennato, un significato tecnico e determina, per così dire, l'Officiale per eccellenza. Il Vescovo aveva, per l'esercizio della sua giurisdizione ecclesiastica, diverse classi di Officiali. Officiali sparsi nelle diverse parti della diocesi ed Officiali che risiedevano costantemente presso di lui o nella città vescovile. Tra questi ultimi si trovavano ancora alcuni che avevano officii più alti e delicati degli altri e che rappresentavano il Vescovo in un modo più immediato e diretto. Questi furono precisamente quelli che, non avendo un titolo speciale, vennero chiamati *Officiales* quasi per dire Officiali per eccellenza, Officiali nel senso stretto, cioè funzionari e collaboratori immediati dei Vescovi.[26] Di questi Officiali i Vescovi si servivano specialmente nel foro giudiciale ed il titolo Officiale significante, "........*in usu loquendi ecclesiastico*........ *Ministrum in iurisdictionis negotiis*........" divenne termine tecnico.[27]

2—Origine. Quando sorsero questi Officiali? Van Espen dice: "Quo tempore coeperint Episcopi constituere officiales........ non omnino constat" [28] e continua dicendo che, verosimilmente, essi non sorsero dappertutto nello stesso tempo. Secondo lui, una lettera di Pietro *Blesensis* scritta verso il 1160 ad *Officialem Episcopi Carnotensis,*[29] dimostra che, almeno in Francia, quest'Officiale esisteva nel secolo XII ed aggiunge: ....neque in hac Ecclesia tantum sed et in aliis stabilitum fuisse tum temporis usum Officialium, ipsa epistola ostendit.[30] Della stessa opinione sono lo Schmalz,[31] ed il Fournier,[32] quindi possiamo stabilire che nella seconda metà del secolo XII, i Vescovi, nell'esercizio della loro giurisdizione ecclesiastica, si facevano assistere da questi Officiali speciali ai quali essi davano ampie facoltà, specialmente nell'amministrazione della giustizia. Niente proibiva che il Vescovo

[26] Fournier, *op. cit.*, pag. 55 e secq.
[27] Schmalz, *op. cit.*, pag. 9.
[28] Van Espen. *De iudiciis Eccl.* P. III, tit. V, pag. 262.
[29] P. L. *Migne*, CCVII, 88 e secq.
[30] Van Espen, *op. cit.*, *loc. cit.*
[31] Schmalz, *op. cit.*, pag. 10.
[32] Fournier, *op. cit.*, pag. 60.

ne avesse più di uno nello stesso tribunale ed i documenti che stiamo per riportare ci proveranno che realmente in molti casi se ne ebbe più di uno.

§ 2. *Motivo che dette origine all'Officiale*

Sembra strano riscontrare l'istituzione di questo officio ecclesiastico in questo periodo se si considera che proprio nel secolo XII il Vescovo aveva un grande aiuto nella persona dell'Arcidiacono, il quale, come abbiamo visto nel precedente capitolo, aveva a quel tempo una potenza grandissima e continuava ancora nell'ascesa alla sua grandezza giurisdizionale. Gli storici del diritto canonico, forse non sapendosi spiegare questo fatto e, mossi dalle lagnanze che nel secolo XII si erano cominciate a sentire sulle smoderate attribuzioni dell'Arcidiacono, dissero che fu appunto per combattere questi Arcidiaconi che i Vescovi istituirono l'Officiale. Esso, secondo questi Dottori, sarebbe cominciato a sorgere nel secolo XII e la sua istituzione sarebbe divenuta di diritto comune dopo il Concilio Laterano IV del 1215.

È questa una spiegazione sufficiente? Se si considerano altri fattori, noi crediamo che l'origine di questi Officiali si può spiegare molto più logicamente senza ricorrere all'opinione degli antichi storici, anzi, dimostrereremo col Fournier, che la loro opinione è senza fondamento storico. Parlando dell'Arcidiacono nel capitolo precedente, notammo come verso il secolo X e XI, per il trionfo dell'epoca beneficiale, egli si era venuto distaccando dal Vescovo e come finì, poi, con lo stabilire un'amministrazione sua propria, distinta da quella del suo Vescovo. Questa separazione che lasciò il Vescovo privo dell'aiuto che fino ad allora aveva avuto per mezzo dell'Arcidiacono nella sua qualità di amministratore dei benefici diocesani e di giudice del tribunale vescovile, dovette, naturalmente, fargli pensare alla sostituzione di un officio tanto importante e necessario, quindi è facile immaginare come la sua scelta cedesse su uno dei suoi officiali, l'Officiale propriamente detto il quale da ora in poi lo rappresenterà nella cura specialmente del suo tribunale. Ma ci fu un altro fattore di somma importanza che non solo rese consigliabile ed opportuna, ma addirittura necessaria l'istituzione di quest'Officiale, ed esso fu il risveglio generale del diritto Giustiniano che ebbe luogo proprio in questo periodo. Nel secolo IX questo movimento giuridico venne crescendo sempre più ed alcune collezioni speciali del diritto Romano Giustiniano vennero adattate all'uso ecclesiastico con l'intento di conciliare le leggi giustinianee alle leggi canoniche dei vari concilii.[33] In Italia, nel secolo IX se ne contano già parecchie. Si ha la *Collectio ex Lege Iustiniana* pubblicata nel regno napoletano, la *Collectio Beneventana*, di cui se ne conservano ancora delle edizioni del 1014, la *Excepta Bobbiensia* che contiene solamente testi di diritto romano riguardanti il clero, ed altre ancora. In Francia, circa il secolo X, se ne hanno due altre dello stesso genere; la *Lex Episcoporum et ceterorum clericorum* e la *Lex Iustiniani Augusti pro Episcopis et Monasteriis.* Negli anni seguenti, questo movimento ottenne così felicemente il suo risultato che, nelle collezioni canoniche, furono inseriti testi del diritto romano e nelle collezioni del diritto romano non di rado s'incontrano testi del diritto canonico.[34] Già dal tempo di Gregorio Magno (742-814) sia le leggi ecclesiastiche che le civili urgevano gli ecclesiastici ad acquistare la scienza canonica necessaria al loro stato ed officio. I capitoli di Carlo Magno richiedono dai Vescovi e Sacerdoti una buona cognizione e sana interpretazione dei canoni ed i *Capitula Missionum specialia* (802) insistono che i *Missi dominici*, nelle loro visite badino a che i Vescovi e gli altri sacerdoti comprendano ed adempiano le prescrizioni dei canoni. Lo stesso viene inculcato nei vari concilii e nei *Capitula Episcoporum* del secolo VIII.[35]

Questo risveglio produsse, come è naturale, il suo effetto principalmente nella procedura giudiziaria ed ecco che pro-

---

33 Van Hove, *Commentarium Lovaniense*, Prolegomena, n. 156, pag. 137.

34 Cfr. Van Hove, *op. cit.*, pag. 138, 139.

35 Cfr. Van Hove, *op. cit.*, n. 247, pag. 214.

prio in questo periodo noi vediamo le curie diocesane riorganizzate, i tribunali ecclesiastici istituiti a norma dei civili e le cause risolte non più alla buona e ad arbitrio, ma con regolare procedura e secondo le leggi del diritto. I Pontefici stessi delegavano spesso i Vescovi a giudicare cause matrimoniali e civili perchè a quel tempo, i laici erano liberi di appellare al Vescovo se il verdetto delle cause risolte nei tribunali civili non sembrava loro soddisfacente.[36] Ciò, naturalmente, oltre che a richiedere una grande perizia del diritto, accrebbe la competenza del tribunale ecclesiastico, non è da meravigliar, perciò se i Vescovi delle grandi diocesi, rimasti i soli giudici del loro tribunale ed occupati nell'esercizio generale del loro ministero, per tacere dell'imperizia che molte volte essi avevano del diritto, furono indotti a scegliere persone perite nel diritto acciocchè potessero decidere le cause che venivano accumulandosi nei loro tribunali. Dove è la lotta dei Vescovi contro i loro Arcidiaconi? Perchè non dire invece che l'Officiale anzichè essere l'effetto della lotta dei Vescovi contro i loro Arcidiaconi, fu l'effetto necessario della separazione del regime beneficiale, della riorganizzazione della curia e della riforma dei tribunali ecclesiastici? Noi crediamo che il Fournier è ben sicuro di sè e di quello che dice quando, senza timore di sorta, asserisce che l'opinione dei Dottori attribuenti l'origine alla lotta dei Vescovi contro i loro Arcidiaconi è inverosimile e senza fondamento storico.

Il Fournier a questo punto diviene enfatico. "Prima di tutto, egli dice, a che epoca si stabilisce la reazione episcopale contro le usurpazioni degli Arcidiaconi?" e citando Paolo Fournier, risponde: "Al secolo XIII" poichè i primi testi dei concilii invocati dagli avversarii come prova dei loro argomenti rimontano precisamente all'anno 1231. "Ma a questa data, egli continua, l'Officiale già esisteva da lungo tempo, quindi esso non può essere stato *immaginato* per fare una battaglia."[37]

Se abbiamo presente quanto è stato detto nelle pagine precedenti parlando dell'Arcidiacono, anche noi dobbiamo con-

---

[36] Schmalz, *op. cit.*, pag. 6, 7.
[37] Fournier, *op. cit.*, pag. 51.

venire con l'idea del Fournier. Nel precedente capitolo, infatti, abbiamo visto come l'ascesa del potere giurisdizionale dell'Arcidiacono si accentuò proprio nel secolo XI, continuò per tutto il secolo XII e parte del XIII tanto che nelle Decretali di Gregorio IX viene chiamato ancora il *Vicarius in omnibus* il quale, dopo il Vescovo ha cura di ogni cosa nella diocesi. Prima di questo tempo, è vero, si ebbero dei concilii che di tanto in tanto lamentavano i loro abusi, però non si ebbe mai una legislazione o lotta diretta contro la loro istituzione. La lotta, se così vogliamo chiamarla, cominciò nel secolo XIV, cioè dopo la pubblicazione delle Decretali di Gregorio IX ed a quel tempo l'istituzione dell'Officiale era divenuta tanto comune e generale che equivarrebbe davvero ad asserire una proposizione priva di ogni fondamento storico se si volesse dire che gli Officiali sorsero come effetto della lotta dei Vescovi contro i loro Arcidiaconi. L'Officiale, lo ripetiamo, sorse per le mutate condizioni e per la riforma avvenuta nella Curia diocesana e sorse molto tempo prima che la lotta contro gli Arcidiaconi cominciasse. Noi crediamo perciò, che se vogliamo connettere in qualche modo l'Arcidiacono con la apparizione dell'Officiale del Vescovo, dobbiamo dire che esso non sorse come effetto della lotta dei Vescovi per disfarsi degli Arcidiaconi, ma come effetto della separazione dell'Arcidiacono dall'amministrazione e dal tribunale del Vescovo. Separazione che, invece di segnalare la decadenza della potestà dell'Arcidiacono, segnalò, al contrario, proprio l'ultimo stadio della ascesa alla sua grandezza.

§ 3. *Il suo officio.*

Ma è tempo ormai che passiamo a parlare della sua attività la quale chiarirà ancor meglio quanto è stato detto fin qui, ci dimostrerà che il suo officio fu principalmente quello di *Judex Episcopi* e ci darà materia abbondante per concludere, nella terza parte di questo capitolo che esso, per istituzione, ebbe un officio interamente distinto da quello del Vicario Generale del Vescovo fin dalla sua origine. Parlando dell'attività dell'Officiale, noi crediamo che la cosa migliore e più naturale sia di vedere che cosa ci dicono di lui i Concilii i quali, meglio di ogni altra cosa, ci rappresentano la legislazione del tempo. Tralasciando il canon XII del Concilio Rotomagense tenutosi nell'anno 1050,[38] dove appare chiaramente che per il termine *Officiales Episcopi* s'intende officiali nel senso largo e generale, passiamo ai canoni dei concilii posteriori che trattano degli Officiali propriamente detti e ci rivelano le sue funzioni fin dall'origine della loro istituzione. Il primo Concilio, sembra, che fa menzione degli Officiali del Vescovo nel senso tecnico e che dedica loro tre canoni è il *Concilium Domini Walteri Rotomagensis Archiepiscopi* tenutosi nel 1189. In esso si stabilisce che nessuna persona ecclesiastica o Vicario Perpetuo può recarsi fuori della provincia per ragioni di studio senza il permesso del suo Vescovo *o dei suoi Officiali;* che i Vescovi o i loro Officiali nel dare appellazioni, *difficiles non se exhibeant sed propter quorumdam simplicitatem etiam in petentibus offerant*"; e, finalmente, si dà ad essi, (Officiali) la facoltà di conferire benefici col decretare che sono sotto pena di scommunica tutti coloro che si intromettessero in benefici ecclesistici senza l'autorità del Vescovo *o dei suoi Officiali.*[39] Questo concilio ci rivela almeno che a quel tempo l'istituzione degli Officiali distinti dall'Arcidiacono si era divulgata ed aveva preso piede nella legislazione ecclesiastica. Nell'anno 1212, il Concilio di Parigi comanda agli Arcivescovi e Vescovi che abbiano Officiali fedeli e prudenti, "........sine personarum acceptatione, *gratis iustitiam exhibente....*".[40] Più tardi il concilio Rotomagense del 1231 proibisce agli Arcidiaconi, decani rurali, monaci, etc. di giudicare la cause matrimoniali, "........*Sed cum in eorum adiutorio talis quaestio devenerit, eam Episcopo loci, vel eius Officiali sine morae dispendio studeant nunciare....*"[41] Un altro canone

[38] Mansi, XIX, 753.

[39] *Concilium Domini Walteri.*, Can. 8, 13, 27. Mansi, XXII, 525.

[40] *Concilio di Parigi.* Parte IV, cap. 10., Mansi, XXII, 841.

[41] *Conc. Rotomagense*, can. 13., Mansi, XXIII, 214 e secq.

dello stesso concilio stabilisce che *gli Officiali* e coloro "....qui demandatam ab Episcopis vel eius Officialibus iurisdictionem suscipiunt...." giurino di non accettare danaro o doni perchè non si dubiti "*quod iudicum animus a tramite iustitiae debeant deviare*" e, finalmente un altro canone *parlando dei giudici ecclesiastici, enumera anche l'Officiale* e lo pone immediatamente dopo il Vescovo. "....Et cum captos eos tenuerint, ecclesiastico iudici, scilicet Episcopo, vel *Officiali*, seu Archidiacono vel Decano.... denuntiare procurent...." [42] Cinque anni più tardi, il concilio Turonese, sotto il titolo *De Officialibus*, prescrive che non si nominino Officiali "*nisi per quinquennium audierint, vel per causarum exercitium, iudicandi officio, sint merito aprobati*".[43]

Chi non vede che fino ad ora questi concilii non hanno fatto che stabilire regole e parlare di un vero giudice del tribunale Vescovile? Questo canone citato proprio ora ne è la prova più evidente. Verso la metà del secolo XIII, tra l'Arcivescovo Rotomagense ed i Vescovi suffraganei erano sorte delle controversie che Odone Arcivescovo ridusse a tre articoli.

1) Primus articulus est de executione mandatorum nostri Archiepiscopi et *Officialis seu Officialium* Rotomagenzium et receptione commissionum a nobis et eisdem Officialibus faciendarum subditis suffraganeorum nostrorum.

2) Secundus, de compositione et receptione testium *in causis* ad appellationem ad nos *vel Officialem*.... devolutis.

3) Tertius, est de recipiendis appellationibus, interpositis ad nos Archiepiscopum, Officialem.... a subditis suffraganeorom praedictorum omissis mediis.[44]

Per accordarsi su questi punti di controversia, l'Arcivescovo tenne un Concilio nel 1256 ed in esso, tra l'altro si stabilisce quanto segue: "Item subditi singuli Suffraganeorum praedictorum, compelli poterunt ad perhibendum testimonium

---

[42] *Conc. Rotomagense*, can. 13, 22, 28., Mansi, XXIII, 217.

[43] *Conc. Turonese*, cap. IV., Mansi, XXIII, 412.

[44] *Conventus Episcoporum Prov. Rotomagensis*. Mansi XXIII, 915.

veritatis *in causis delatis ad nos Archipiscopum et Officiales nostros, seu Officialem Rotomagensem per appellationem....*" E, poco più giù: "Si autem, aliquis subditus Suffraganeorum prædictorum, dicatur contumax, negligens et rebellus,.... per nos, Officiales nostros, seu Officialem Rotomagense, *canonice punietur si culpabilis inventus fuerit per nos vel eosdem Officiales.... inquisita primitus super eo veritate.*" [45] E, nel capitolo seguente: "Item Officiales Rotomagenses qui pro tempore fuerint, iurabunt nobis, Archiepiscopo et successoribus nostris,.... (quod) scienter non punierint non puniendos, ultra quam fuerint puniendi".[46] Due anni più tardi nel Sinodo Chiaramontese, per reprimere il vizio della bugia, si prescrive che se qualcuno si usa di lettere false, se la persona che se ne usa è sospetta e vile, si ritengano le lettere e la persona. Se però la persona che le usa è onesta e non sospetta, allora si ritengano solamente le lettere e la persona, "....*coram nobis, vel Officiali nostro citetur adhibitis testibus*, per cui si possa provare che usò lettere false.[47] Nel Concilio Laogesiense del 1278, sotto il titolo *De iuramento Officialium*, si ricorda prima il detto di Salomone, ""xenia et dona excæcant oculos iudicum" e poi si prescrive agli Officiali che dopo la loro nomina giurino di non accettare doni acciocchè "*ratione officii et bona fide causas audiant et decidant.*" [48] Nel 1286, il Concilio *Bituricense* vieta che gli Officiali dell'Arcivescovo impediscano la giurisdizione dei Suffraganei e degli altri giudici ecclesiastici e perciò prescrive che ".....Officialis noster Bituricensis et alii iudices nostri iurisdictionem suffraganeorum et aliorum ecclesiasticorum iudicum subditorum nostrorum scienter per malitian non impediant."[49] Verso la fine del secolo XIII nel Concilio *Cantuarese*, (1295) si riprova l'assenza troppo frequente dell'Officiale e si stabilisce che non si assenti

---

[45] *Ibidem*, cap. II, IV., Mansi, XXIII, 917.

[46] *Ibidem*, cap. V., Mansi, XXIII, 917.

[47] *Concilio Chiaramontese*, Capitula primae partis, Cap. I, Mansi, XXIII, 1204.

[48] *Conc. Laogesiense*, cap. XVI., Mansi, XXIV, 216.

[49] *Conc. Bituricense*, cap. XXXIV., Mansi, XXIV, 641.

più per lungo tempo senza una causa ragionevole e legittima, "....ac etiam sine morosa protractatione petentium expeditum exhibeat et ad iustas petitiones receptas, cito et sine difficultate rescribat et citius.... in testamentaria, matrimonialibus, alimentorum et beneficiorum *causis* et negotiis...." E, nel capitolo seguente si urge che nelle singole sessioni, "....per aliquot dies.... suam, si possit, præsentiam exhibeat personalem et appellationes a decano de Arcubus suo commissario, vel alio commissario suo, in ispius et decani supradicti absentia, a gravamine interjectas, de plano *processus examinas, statim determinet et decidat*".[50]

Noi crediamo di aver riportato abbastanza documenti per poter dire che l'officio che l'Officiale del Vescovo esercitò fin dalla sua origine, fu quello di giudice del tribunale del Vescovo e la sua attività si estese, particolarmente, se non esclusivamente, nella giurisdizione contenziosa. Giurisdizione che, da quanto evidentemente appare dai canoni conciliari sopra citati, egli esercitò sempre nello stesso tribunale del Vescovo in modo da formare con lui un solo uditore; giurisdizione che senza cambiarsi si fortifica e conferma sempre più nei secoli successivi.

Si ha in lui traccia alcuna del Vicario Generale? Non è temerario, noi crediamo, di dire di no. Dove è la sua giurisdizione *in temporalibus?* Dove è la sua giurisdizione *in spiritualibus* sopra tutte quelle cose che spettano al Vescovo *iure ordinario?* Si potrà dire di lui che è un Vicario del Vescovo, ma non un Vicario Generale. E, siccome con lo studio dell'origine dell'Officiale del Vescovo non siamo ancora riusciti a trovare le origine del nostro Vicario Generale, ci fa duopo continuare la nostra ricerca.

---

50 *Conc. Cantuarese*, cap. IV., Mansi, XXIII, 1149.

ARTICOLO III.

IL PROCURATORE GENERALE DEL VESCOVO

§ 1. *La dottrina del Fournier sul Procuratore*

In questa seconda parte che è tutta originale e propria del Fournier, noi non faremo che esporre unicamente la dottrina dell'illustre canonista Francese perchè dobbiamo confessare che, dopo una ricerca accurata delle fonti, non siamo riusciti a trovare nè documenti che possano aggiungere molta forza ai suoi già forti per sè stessi, nè documenti che, a nostro parere, si possano citare contro la sua dottrina. Il chiaro autore, dopo aver dichiarato che nè lo studio dell'Archidiacono, nè quello dell'Officiale gli ha rivelato ancora il secreto delle origini del Vicario Generale del Vescovo, lascia l'esame negativo della sua questione e passa a vedere quello che veramente il Vicario Generale fu. Egli comincia col ricordare come nel 1170 un Arcidiacono di Reims si faceva supplire da un *Procurator* e come, parimenti, nel 1202 si rimproverava un Arcidiacono inglese non residente per non aver fatto amministrare il suo Arcidiaconato ad un Procuratore e poi si domanda: Che cosa è dunque questo Procuratore?

Secondo lui, per procuratore, a quel tempo, non s'intendeva, come comunemente si fa oggi, colui che è incaricato della procedura delle cose giudiziarie solamente, ma colui ancora che s'interessava dell'amministrazione delle cose aliene sia in giudizio che fuori di esso, e, riferendosi alla definizione che il Reiffenstuel dà del Procuratore: "*Qui aliena negotia, mandato domini, administrat*" fa notare la perfetta corrispondenza della definizione con l'etimologia del nome stesso: "*Pro alio curator*".[51] La necessità di avere procuratori di questa sorta si sentiva semplicemente in casi di assenza, ed i

[51] Fournier, *op. cit.*, pag. 72.

prelati secondarii, quali l'Arcidiacono, il Prevosto, il Decano, non solo avevano il diritto di nominare questi procuratori, ma spesso erano obbligati a farlo poichè la nomina di essi veniva posta come condizione necessaria alla loro dipartita. L'autore cita due casi. Nel primo il Papa Onorio III dichiara al Vescovo di Volterra che un certo Arcidiacono (Maestro Guido) della stessa diocesi di Volterra, non potendo risiedere perchè impiegato nella Curia Pontificia, ha il diritto di farsi rappresentare da due *procuratores* "....quod per se ipsum, modo non potest, per alios libere prosequatur...." Nel secondo caso lo stesso Onorio III, rispondendo a due Prevosti i quali volevano recarsi in terra santa, dà loro il permesso di assentarsi a condizione che lascino nelle loro chiese dei Procuratori idonei. "....dimissis procuratoribus idoneis in ecclesiis vestris...." [52] Il Procuratore così inteso, egli continua, può essere di vari gradi, dal procuratore *ad unam causam*, al procuratore generale, ed inoltre fa egli osservare come nel medio evo, era pratica comune che sia individui che collettività agissero per mezzo dei Procuratori sia in materia giudiziaria che amministrativa, sia in materia religiosa che profana. Non di rado si hanno dei casi in cui il Papa stesso suggerisce, consiglia o impone la nomina di procuratori anche per diocesi nelle quali o per un motivo o per un altro, il Vescovo non possa esercitare la giurisdizione da per sè. E quì il Fournier è ricco di documenti che ricava principalmente dalle lettere di Innocenzo III.

Nel Febbraio dell'anno 1199, il Papa scrive ai suoi delegati perchè provvedano per mezzo di un procuratore idoneo all'amministrazione del Vescovado di Langress il cui Vescovo il Papa stesso aveva sospeso dalla giurisdizione sulle cose temporali come quelle spirituali. "....interim autem in procuratore idoneo Longinensi ecclesiae praecipimus provideri....". Lo stesso avvenne per la diocesi di Toul nel 1205 e per quella di Slesvic (Danimarca) due anni più tardi. Altre volte il Papa nomina Procuratori per uscire da situazioni delicate ed

[52] Fournier, *op. cit.*, *loc. cit.*

in attesa della fine di inchieste lunghe e difficili, come avvenne nel caso di Capua. Il Capitolo di quella Cattedrale nell'anno 1199 si era eletto per Arcivescovo un certo R. Suddiacono e cappellano del Papa il quale non era ancora trentenne, ed il Papa risolse la questione col nominarlo Procuratore. Fatti simili avvennero col Capitolo di Anch e con quello di Autun nel 1202.[53] Ora, conclude logicamente l'autore, se il Papa commette l'amministrazione episcopale della diocesi a dei Procuratori, perchè mai non potrà il Vescovo in funzione, come l'Arcidiacono, il Prevosto, il Decano istituire nel suo luogo uno o più procuratori che lo rappresentino in tutto mentre egli è assente o gravemente malato o in qualsiasi modo impedito? Niente si oppone a questo, egli continua, e ricorda il principio sempre ammesso da tutti i canonisti e dottori antichi e moderni, in virtù del quale il Vescovo può delegare tutto quanto è di sua giurisdizione. Principio questo che fu sanzionato dal Codice stesso con termini più generali e categorici nel canone 199 dove si legge: "Qui iurisdictionem habet ordinariam, potest eam alteri ex toto vel ex parte delegare, nisi alio expresse caveatur".

Ebbero di fatto i Vescovi tali Procuratori? "Quello che è possibile nel diritto, riprende il nostro autore, è esistito di fatto" e quì nuovamente ci offre altri documenti che sono molto interessanti. Nel 1299, Innocenzo III elesse all'Arcivescovato di Acherintino un certo Rainaldo, suo parente, il quale, essendo ritenuto al servizio del Papa e non potendo raggiungere la sua sede, nominò oltre agli Officiali, un Procuratore al quale i diocesani dovevano obbedire. Parimenti, nello stesso anno, il Vescovo eletto di Brindisi fu dichiarato innocente da alcune accuse che gli erano state fatte ed i suoi sudditi furono invitati a riconoscere non solo l'autorità sua, ma anche quella del suo Procuratore. E, nel 1210, il Vescovo di Dakos, fu assente dalla diocesi per tre anni però vi tenne un *Procurator Episcopatus* al quale Innocenzo III scrisse più lettere.[54]

---

[53] Fournier, *op. cit.*, pag. 74, 75.

[54] Fournier, *op. cit.*, pag. 76, 77.

Da quanto abbiamo visto così chiaramente esposto dall'illustre canonista, appare evidente che l'officio di questo Procuratore fu quello di fare le veci del Vescovo in tutto ciò che riguardava la giurisdizione universale dell'intera diocesi, però solamente durante il tempo della sua assenza, o disabilità. Il fatto citato poco più sopra dell'Arcivescovo Acherintino il quale, oltre agli Officiali, nominò un Procuratore, è eloquentissimo e ci fa supporre che mentre gli Officiali badavano al loro officio normale di giudici, il Procuratore faceva la veci del Vescovo come amministratore generale dell'intera diocesi. Ma ebbe l'officio di questo Procuratore relazione alcuna con l'officio del Vicario Geenrale del Vescovo del secolo XIV e seguenti? Questo è quello che ci è rimasto da vedere.

§ 2. *Similitudine dell'Officio del Procuratore con quello del Vicario Generale del Vescovo*

Se ci riportiamo con la mente alle tre note caratteristiche che costituiscono la personalità giuridica del Vicario Generale del Vescovo odierno e di cui noi abbiamo avuto occasione di parlare più volte, non potremo fare a meno di riscontrare che esse sono molti simili, se non perfettamente identiche, a quelle che personificano giuridicamente questo Procuratore Generale del Vescovo assente. In questi, come in quelli, riscontriamo:

1) la universalità di giurisdizione

2) l'estensione di essa all'intera diocesi

3) la totale sostituzione al Vescovo.

Egli, infatti, nella qualità di procuratore o rappresentante del vescovo assente poteva fare tutte quelle cose che spettano al Vescovo *iure ordinario* a meno che quest'ultimo, non si fosse riservato qualche atto a sè stesso. Esercitava giurisdizione universale su tutta la diocesi e su tutti i membri di essa e tutti i suoi atti erano considerati come emanati dal Vescovo stesso perchè la sua sostituzione al Prelato era completa.

È appunto su questa identicità di prerogative tra essi che il Fournier, molto logicamente, basa la sua tesi e, con una esuberanza di documenti, prova che colui che, nel secolo XIV, venne chiamato Vicario Generale del Vescovo non fu che l'antico Procuratore Generale del Vescovo assente. Il nome, è vero, non fu costante, ma i documenti ci dimostrano che l'officio fu sempre identico, le prerogative sempre invariate e tutti e due furono sempre conosciuti quali ecclesiastici eletti dal Vescovo a fare le sue veci nell'esercizio della giurisdizione episcopale durante la sua assenza dalla diocesi.

Stabilito questo principio, possiamo seguire brevemente ancora per un poco il chiaro autore e costateremo ancora una volta la logicità della sua dottrina. Egli spiega come al tempo delle Crociate i Vescovi chiedevano il permesso al Papa di unirsi alle armate, oppure di recarsi ad evangelizzare popoli barbari, ed il Papa annuiva purchè avessero lasciato nelle loro diocesi dei Vicari o Procuratori. Così, sotto il pontificato di Onorio III, il Vescovo di Salesbury ebbe come procuratori del suo Vescovado un Abbate ed un certo Maestro Simone. Nel 1204, il Vescovo di Poulon, monaco certosino, essendo malato e vicino a morire, si ritirò in un convento del suo ordine situato nella sua diocesi e lasciò la cura della medesima ad un Priore certosino. Tre anni più tardi, il Vescovo di Cambray si dovette assentare e lasciò incaricato degli affari della sua diocesi il suo Officiale Maestro Michele il quale durante la sua assenza agì *in potestatis plenitudine.* Nel 1215 il Vescovo di Leez e l'Arcivescovo di Rouen partirono alla volta di Roma per attendere al Concilio Laterano IV e lasciarono nelle loro rispettive diocesi un Vicario Generale ed un Procuratore generale.[55] Ora, che cosa sono questi Procuratori generali o incaricati speciali, se non i Vicari Generali del Vescovo del secolo XIV il cui nome officiale non è stato ancora fissato, ma le cui attribuzioni sono indiscutibilmente le stesse? E che ciò sia vero appare più chiaro da vari documenti che si susseguirono nella prima metà del secolo XIII i quali ci dimos-

55 Fournier, *op. cit.*, pag. 81, 83.

trano che, per determinare gli ecclesiastici che governavano la diocesi *vice Episcopi* durante la di lui assenza, il nome Vicario Generale del Vescovo cominciò ad essere sostituito a quello di Procuratore. Un documento, che nuovamente prendiamo dal Fournier e che trascriveremo per intero, non solo ci dimostra questa sostituzione di nome, ma ci dice ancora che l'istituzione di questi *Vicarii Episcoporum* era la regola generale ammessa dalla Santa Sede per i Vescovi assenti. Questo documento fu pubblicato da Onorio III per le diocesi i cui Vescovi si trovavano in terra santa e dice quanto segue: "Onorius, ep, s.s.D. dilectis filiis Vicariis Episcoporum in quorum dioecesibus domus ecclesiæ Grandimontesi subiectæ constituunt.... Mandamus quatinus, cum illis *quorum vices geritis sint absentes*, pro subsidio terræ sanctæ, studeatis singuli, *per commissas vobis dioeceses*, bonis providere.... rebelles, tam ecclesiastica quam temporali districtione.... compescentes, ad hoc principes et barones, singuli in commissa sibi diœcesi, monitis, ...eos qui admonitionibus vestris acquiescere non curaverint, per censuram ecclesiasticam.... compescendo". Ben a ragione, perciò il Fournier conclude che: Ces vicaires d'êvéques absents, á qui la diocése a été confiés, qui ont à leur disposition la *districtio ecclesiastica temporalis*, son bien des vicaires généraux et leur usage est admis dans l'Eglise" e che perciò, se nelle Decretali di Onorio III si trova ancora il titolo *De procuratoribus*, invece del titolo *De Vicariis* non è perchè il Vicario Generale, tale quale è esistito fino al momento in cui siamo arrivati, rimpiazzando cioè il Vescovo assente, a quel temop non esisteva ancora, ma perchè esso, allora, rientrava nella categoria dei Procuratori Generali.[56]

ARTICOLO IV.

IL VICARIO GENERALE DEL VESCOVO

Se non vogliamo negare il valore storico ai documenti che abbiamo riportato fin quì, ci pare di poter accettare con

[56] Fournier, *op. cit.*, pag. 84, 85.

tutta sicurezza la teoria del Fournier e di poter, quindi, passare ad analizzare brevemente la personalità giuridica di questo Procuratore Generale del Vescovo assente che da ora in poi, per maggior chiarezza, verremo chiamando Vicario Generale.

§ 1. *Sua origine.*

E prima di tutto qualche parola sulla sua origine. Se si riguarda la natura dell'officio in generale, possiamo dire che il Vicario Generale del Vescovo sia esistito più o meno sempre della chiesa. L'istituzione, come tale, è vero, non si riscontra nei primi secoli del Cristianesimo, però non è raro il caso in cui, anche in questo periodo, dovendosi il Vescovo assentare dalla sua diocesi, o essendo per qualsiasi altro motivo impedito, nominava qualcuno dei suoi ministri, generalmente l'Arcidiacono, però non necessariamente,[57] perchè prendesse l'amministrazione dell'intera diocesi durante la sua assenza e disabilità. Però quelli che per i primi secoli furono casi rari e particolari, cominciarono a divenire comuni e generali col trionfo del regime beneficiale del secolo XI e divennero addirittura di diritto comune poco più tardi, con il grande movimento delle Crociate ed il risveglio missionario. Sicchè l'istituzione, come tale, possiamo dire, sorse nel secolo XI ed è, quindi, contemporanea all'istituzione dell'Officiale del Vescovo. I documenti che abbiamo riportato più sopra e che rimontano proprio a questo periodo, confermano questa opinione.

§ 2. *Natura del suo officio.*

La elezione di questo Vicario Generale veniva fatta personalmente dal Vescovo ed il suo officio durava fino al ritor-

---

[57] Cfr. Leurenio, *op. cit.*, cap. I, quest. IV, il quale dice come S. Gregorio Nazianzeno, (+386) S. Basilio, (+379) ed il Crisostomo, (+407) nella chiesa orientale e S. Simpliciano, (+347) e Agostino, nella chiesa Occidentale, essendo ancora semplicì diaconi o Sacerdoti, furono Vicari Generali., Cfr. anche Tomassino, *op. cit.*, P. I, lib. II, pag. 230.

no del medesimo, ovvero fino a che egli non fosse più impedito. Tutti i documenti citati finora ci parlano semplicemente di Vicari di Vescovi *in remotis agentes* o impediti. Lo stesso libro VI delle decretarli di Bonifacio VIII, dove per la prima volta, nel diritto comune, si riscontra il nome Vicario Generale, si parla di lui come Vicario Generale del Vescovo assente. "Episcopo autem in remotis agente, ipsius in spiritualibus Vicarius Generalis.... dare (potest) licentiam ordinandi".[58] La sua giurisdizione, durante quel tempo, era giurisdizione episcopale e perciò molto ampia. Egli, in una parola, faceva le veci del Vescovo in tutto, a meno che quest'ultimo non si fosse riservato qualche cosa a sè stesso. Un documento del Onorio III ci dimostra che la facoltà del Vicario Generale, fin da quel tempo dipendeva interamente ed esclusivamente dai termini della commissione che egli riceveva, il che è a dire, dalla volontà del Vescovo delegante.

Dovendosi il Vescovo di Modena assentare dalla sua diocesi "*Vicarios suos et procuratores constituit generales*" M. e R. canonici della Cattedrale. Ora avvenne che nell'amministrare l'Episcopato, questi due Vicari Generali si implicarono in processi sia come attori che come difensori e questo apportò sovente davanti ai tribunali competenti, opposizione da parte dei loro avversari i quali reclamavano l'impotenza di questi rappresentanti del Vescovo sia nell'agire in tribunale che nel rispondere perchè, essi dicevano, nella nomina non era stata data loro questa facoltà. Per decidere la questione i Vicari si rivolsero al Papa il quale rispose che egli credeva che fosse stata intenzione del Vescovo di dare loro facoltà sia di agire che rispondere per lui e che perciò egli riprovava una tale eccezione da parte degli avversari. "Nos igitur ex tenore ipsius documenti, liquido cognoscentes quod intentio fuit ipsius Episcopi dare vobis agendi et respondendi pro ipso liberam potestatem, exceptionem huiusmodi penitus reprobamus".[59]

---

[58] *Lib. VI. Decr. Bonifac. VIII.* De temporibus Ordinationum etc. Cap. III.

[59] Fournier, *op. cit.*, pag. 85.

§ 3. *Numero dei Vicari Generali.*

Con questo fatto, proprio ora citato ed altri già riportati, ci è possibile osservare un'altra nota caratteristica su questo soggetto ed è che questo Vicario Generale del Vescovo non doveva essere necessariamente uno solo. Essi potevano essere anche due o più. Su questo punto particolare, la pluralità cioè dei Vicari Generali dei Vescovi, si ha uno studio anonimo nell'*Anacleta Iuris pontificii* del 1858[60] in cui l'autore nella prima parte espone le dottrine antiche sul Vicario Generale e nella seconda, dopo aver stabilito che il Vicario Generale (il quale per lui è tutta una cosa con l'Officiale) non si ebbe che nel secolo XII e precisamente dopo il Concilio Laterano IV del 1215, asserisce:

1) che è solamente per concesisone del Papa fatta loro in questo concilio che i Vescovi possono crearsi un Vicario Generale e non per virtù propria.

2) che questa concessione non è che per un solo Vicario Generale.

3) che la pratica universale della chiesa fu di avere sempre un solo Vicario Generale.

Quel che possa sembrare della forza degli argomenti presentati dall'autore anonimo, un fatto rimane ed è che molti documenti riguardanti questa particolare questione ci provano precisamente il contrario. Essi ci dicono che il Vescovo non solo ebbe sempre la facoltà ordinaria dal diritto comune di creasi il suo Vicario Generale, ma che di fatto lo creò e ne creò più di uno se le circostanze lo avessero richiesto. Neppure è da meravigliarsi per l'esistenza di questa pratica perchè, come era lecito ad ognuno di nominare, per uno stesso affare, due o più procuratori *in solidum*, così era lecito al Vescovo di nominare più Vicari Generali.[61]

---

[60] *Analecta iuris ponficicii*, Anno 1858, pag. 871 e secq.
[61] Fournier, *op. cit.*, pag. 88 e secq.

Era costume generale, come abbiamo visto, che quando il Vescovo lasciava uno o più Vicari Generali nella sua diocesi perchè agissero per lui durante la sua assenza, dava loro potestà di amministrare sia le cose spirituali che le temporali. *Vicarius in spiritualibus et temporalibus.* Non mancano, peraltro, dei casi in cui si fa menzione del Vicario Generale *in spiritualibus* solamente. Lo stesso libro VI delle Decretali di Bonifacio VIII, nel capitolo *Cum nullus* già citato, ci parla del "........*in spiritualibus Vicarius Generalis*........" Che cosa era questo Vicario Generale *in spiritualibus?* Per rispondere a questa domanda, dobbiamo ricordare prima le condizioni politiche ed amministrative in alcune Nazioni Europee in quel tempo. È noto come nel medio evo i Vescovi, specialmente in Germania, erano veri principi secolari ed avevano, oltre ad una amministrazione ecclesiastica, una civile. Essendo presso di essi due amministrazioni nettamente distinte ne seguiva che, in caso di assenza, per non riunire le due amministrazioni, lasciavano l'amministrazione temporale a procuratori e vicari particolari, e conferivano la gestione delle cose spirituali ai Procuratori o Vicari Generali, i quali, perchè in quei casi particolari erano investiti della universalità della giurisdizione spirituale solamente, furono chiamati, in alcuni documenti, Vicari Generali del Vescovo *in spiritualibus.* Si noti però che acciocchè potessero chiamarsi Vicari Generali, dovevano essere costituiti con autorità su tutte le cose spirituali del Vescovo e su tutto il territorio della diocesi. Infatti i Vicari *in pontificalibus* ed il canonico penitenziere, pur essendo vicari del Vescovo *in spiritualibus*, non furono mai chiamati *Vicarii Generales Episcoporum.*[62] Quest'uso, peraltro, come abbiamo accennato, non fu generale nella chiesa e neppure si può dire che cambiò la natura del Vicario Generale costituito per la cura delle cose spirituali e temporali.

---

[62] Cfr. Fournier, *op. cit.*, pag. 91 e secq.

§ 3. *Il Vicario Generale del secolo XIV*

Arrivati perciò al principio del secolo XIV, poco dopo cioè la pubblicazione del libro VI delle Decretali di Bonifacio VIII, possiamo definire il Vicario Generale del Vescovo nel modo seguente: *Uno o più ecclesiastici a cui i Vescovi, fin dal secolo XI, affidavano l'amministrazione generale della diocesi su tutte le cose spirituali e temporali, (alle volte solamente spirituali) per tutto il tempo durante il quale essi erano assenti dalla diocesi o, per qualsiasi altro motivo, impediti.*

§ 4. *Conclusione.*

Ed ora ci pare che, dopo quanto è stato detto nel corso di questo capitolo, l'asserire che l'officio del Vicario Generale del Vescovo, fin dalla sua origine, fu sempre nettamente distinto da quello dell'Officiale, diviene, un semplice corollario. Cominciamo, infatti col notare che l'Officiale del Vescovo non si occupò mai direttamente della giurisdizione amministrativa della diocesi. Egli, come vedemmo, fu il giudice del Vescovo e perciò l'amministratore suo delle cose giudiziarie o contenziose solamente. Al contrario il Vicario Generale ebbe esclusivamente l'esercizio della giurisdizione amministrativa generale dell'intera diocesi. Fu proprio questo che ne causò la stessa istituzione e, certo, non potremmo spiegarci come i Vescovi, contemporaneamente all'istituzione dell'Officiale, avessero voluto creare questo Vicario se il primo avesse esercitato *ex iure* l'officio del secondo. E' vero che si dà spesso il caso in cui l'Officiale si occupa dell'amministrazione generale della diocesi, però allora egli non lo fa in qualità di Officiale, ma in qualità di Vicario Generale. Nelle pagine precedenti abbiamo visto come alcuni Vescovi nominarono tra i loro Vicari Generali o Procuratori, il loro Officiale. (cfr. pag. 52). Ora, che necessità ci sarebbe stata di nominarlo Vicario Generale con giurisdizione universale su tutta la diocesi se questa giurisdizione o quest'officio fosse spettato a lui di diritto nella qualità di Officiale? Inoltre l'Officiale, abbiam visto, ebbe un officio permanente, agiva cioè anche quando il Vescovo era presente e sempre sotto la sua dipendenza, mentre il Vicario Generale esercitava il suo officio solamente quando il Vescovo era assente o impedito. E, finalmente, essendo l'Officiale un giudice, ebbe la sua sfera di azione molto ristretta. Egli *ex officio* faceva le veci del Vescovo solamente nelle cose giudiziarie, mentre il Vicario Generale, quando agiva, agiva per il Vescovo, *in universalitate iurisdictionis, in spiritualibus et temporalibus.* Agiva cioè con pienezza di potere Vescovile e, sotto questo punto di vista, quando il Vescovo era assente o impedito, egli era il Superiore dell'Officiale.

Non sappiamo se dopo queste brevi osservazioni, che, del resto, non sono altro che logiche conseguenze di quanto è stato sinteticamente esposto fin quì, si possa reclamare ancora la identità di officio, da principio, e la reciprocità dei nomi di questi due personaggi ecclesiastici. Quelli che la reclamano si appellano principalmente alla terminologia del diritto comune. Essi dicono che il diritto comune ha sempre inteso che i due personaggi ebbero almeno fino al secolo XIV, un officio identico e che perciò i due nomi furono usati come sinonimi. Si ricorderà con quanto calore il Bouix prova questa sua tesi prendendo per argomento i due capitoli del libro VI delle Decretali di Bonifacio VIII.[63]

Ma sarà poi vero che il diritto comune dice quello che il Bouix ed altri reclamano? Per limitarci al Bouix il quale, ci pare sia il più violento su questo punto, noi diremo che, a nostro parere, sono proprio i due capitoli del libro VI da lui tanto patrocinati che ci dicono chiaramente della distinzione fatta dal diritto comune tra questi due personaggi ecclesiastici ed il loro rispettivi officii. Il Capitolo *Cum nullus*, parlando della facoltà di dare le dimissorie, dice: "Inferiores autem praelati.... vel Officialis Episcopi, (*cum ad hoc se ipsius officium non excedat*) huiusmodi nequeunt licentiam impertiri. Episcopo autem in remotis agente, *ipsius in spiritualibus Vicarius Generalis*, vel, sede vacante, capitulum,.... dare possunt

---

[63] Bouix, *De iudiciis eccl.* pag. 381 e secq.

licentiam ordinandi".[64] Ora noi ci domandiamo, come si può concludere col Bouix che colui che prima è chiamato Officiale, viene chiamato, poco dopo, Vicario Generale del Vescovo, se il testo, dopo di aver rifiutato la facoltà di concedere le dimissorie all'Officiale, "*cum ad hoc se ipsius officium non excedat*", (l'autore, non sappiamo perchè sopprime interamente questa clausola) concede, poco più tardi questa facoltà al Vicario Generale quando il Vescovo fosse assente? Il testo, a nostro parere, ci dice il contrario. Esso ci dice che l'officio del Vicario del Vescovo assente era ben diverso da quello dell'Officiale e distinto da esso. Esso abbracciava maggiori facoltà di quello dell'Officiale e conseguentemente anche i due personaggi, nella mente del diritto comune, dovevano essere giuridicamente distinti. Lo stesso si dica del capitolo *Cum in generali*,[65] dove si legge "Officialis aut Vicarius Generalis Episcopi, officia conferre non possunt nisi beneficiorum collatio ipsis specialiter sit concessa". Da questa espressione il Bouix nuovamente vuol dedurre la reciprocità dei due termini e l'idendità del loro officio, però pare che l'interpretazione di questo passo è più verosimile se si spiega che il Vescovo nel caso presente, può delegare a suo piacere sia il suo Officiale che il suo Vicario Generale.[66] *Aut*, è una particella disgiuntiva ed implica tutt'altro che l'identità dei due personaggi. Di questa opinione è anche il Santi il quale chiaramente dice: "Sciendum vero est ex capite ultimo huius tituli in VI° (quello che noi stiamo esaminando ora) et ex praxi in aliquibus locis, *distinctum fuisse Vicarium Generalem ab Officiali Episcopi....*"[67]

Un altro argomento comune tra i dottori dell'opinione contraria è quello che in Italia e provincie vicine non si ebbe mai l'Officiale e che perciò l'uso di separare la giurisdizione contenziosa da quella graziosa vigente oltre i monti fu una ec-

---

[64] *Liber VI*, lib. I, tit. IX, cap. III.
[65] *Lib. VI*, lib. I, tit. XIII, cap. III.
[66] Fournier, *op. cit.*, pag. 85.
[67] Santi, *Praelectiones Iuris Canonici*, lib. I. De Vicario Generali, n. 17, pag. 211.

cezione al diritto comune. Noi concediamo che in Italia e provincie vicine si ebbe sempre il solo Vicario Generale, ma neghiamo addirittura la conclusione che se ne vuol dedurre. Nelle piccole diocesi d'Italia, le liti, che in questo tempo ingombravano i tribunali ecclesiastici delle grandi diocesi delle altre Nazioni ,erano pochissime e, conseguentemente, i Vescovi Italiani non sentirono mai la vera necessità di stabilire un'officialità a parte che si occupasse della sola giurisdizione contenziosa con a capo di essa un Officiale nel senso tecnico di *Judex Episcopi.* Però l'assenza dell'Officiale in Italia non è una ragione sufficiente per dire che negli altri luoghi dove esso esisteva, esisteva come eccezione al diritto comune. Se si può dire che un uso particolare necessitato in Italia dalle speciali condizioni esistenti in quel paese costituisce il diritto comune anche contro l'uso generale di quasi tutte le nazioni cattoliche del mondo allora conosciuto e contro lo stesso diritto comune rappresentato nel libro VI di Bonifacio VIII, allora noi diciamo che la conseguenza degli avversari è logica. Ma questa ci sembra una proposizione un pò troppo azzardata, quindi concluderemo questo capitolo col riaffermare la dottrina del Fournier che cioè il Vicario Generale non viene dall'Officiale del Vescovo, ma dal Procuratore Generale e che perciò il suo nome ed officio, fin dal principio, dovette essere sempre nettamente distinto da quello dell'Officiale.

CAPITOLO III.

IL VICARIO GENERALE DEL VESCOVO DAL SECOLO XIV ALLA PUBBLICAZIONE DEL CODICE.

ARTICOLO I.

EVOLUZIONE DELL'OFFICIO DEL VICARIO GENERALE; STABILIZZAZIONE DEL VICARIO GENERALE *PRAESENTE EPISCOPO.*

Fino a tutto il secolo XIII, dunque, abbiamo visto che il Vicario Generale agiva solamente quando il Vescovo era assente oppure impedito e non si riscontra, a nostro parere, un solo documento che ci faccia cenno a lui come vicegerente del Vescovo quando questi fosse presente o in possibilità di agire da per sè.

Però quest'officio transitorio e temporaneo era destinato a subire una evoluzione ed essa non tardò molto a verificarsi. Grazie, infatti, a documenti che datano dal 1300 in poi, possiamo ritenere che, con l'entrata del secolo XIV, si cominciarono ad avere delle traccie del Vicario Generale del Vescovo tale quale lo abbiamo oggi, con potestà, cioè, di agire anche quando il suo Vescovo era presente. Come avvenne questa evoluzione? Il Fournier la spiega con attribuirne la causa alla poca o nessuna osservanza della legge di residenza da parte dei Vescovi e Prelati di quel tempo per cui il secolo XIV è famoso, e la sua spiegazione ci sembra molto logica. È necessario ricordare, egli dice, che a quest'epoca, (1305) il Papa stesso dà esempio di allontanamento continuo e sistematico col fissare la sua dimora per settanta anni ad Avignone, ed i Vescovi non fecero che seguire l'esempio del loro capo. Molti di essi, infatti se ne vanno a risiedere presso le corti dei Principi e Regnanti; altri prendono possesso delle loro diocesi senza, forse, mettervi mai piede, ed alcuni vi risiedono tanto brevemente che non hanno neppure il tempo di interessarsi degli affari della loro diocesi. Con queste apparizioni brevissime, se non rare, essi pensarono essere cosa propria e necessaria alla buona amministrazione della diocesi di lasciare la loro delegazione ai Vicari Generali anche durante la loro breve permanenza in diocesi, sicchè questi, da rappresentanti transitorii, divennero permanenti, con titolo ed officio stabile e definitivo. Anche quì, continua il Fournier, fu il Papa che dette l'esempio.

Morto, nel 1317, il Cardinale Jacquez de Vica, Amministratore del Vescovado di Avignone, il Papa Giovanni XXII, ivi allora residente, riservò il governo di quella diocesi a se stesso, però, non potendo, evidentemnete, fare tutto da sè, nominò due Vicari Generali dando loro autorità *in spiritualibus et temporalibus* da esercitare nella stessa chiesa di Avignone "*....usque ad beneplacitum nostrum*". Essi ebbero facoltà amplissime e, dal decreto di nomina, riportato in parte dal Fournier, appare che queste facoltà furono date loro senza riguardo alla presenza o assenza del Papa.[1]

Leggendo i Concilii di questo periodo, si nota la stessa cosa. Nel sinodo provinciale milanese del 1311,[2] si stabiliscono le pene per coloro che "....insultum faciunt contra Archiepiscopum suum *vel eius Vicarium*". Si constata il fatto doloroso che molti chierici e persone ecclesiastiche, contro le consuetudini canoniche e sinodali, si dilettano di portare armi a scandalo di altri e senza aver chiesto ed ottenuto la licenza. Volendo perciò mettere un freno a queste continue temerità, si dichiarano sotto pena di scommunica tutte quelle persone ecclesiastiche che indossano pubblicamente le armi dopo che siano state nominatamente riprese o espressamente proibite dal Vescovo o dal suo Vicario. "*....super haec nominatim, specia-*

---

1 Cfr. Fournier, *op. cit.*, pag. 99-101.

2 *Rubrica XVI*, Mansi, XXV, 495.

liter et expresse aut prohibiti per Antistitem proprium vel eius Vicarium...." Dal senso di questa rubrica, sembra che quì si parli non più del Vicario Generale del Vescovo assente, ma del Vicario Generale del Vescovo presente; *Antistitem proprium vel eius Vicarium.* Lo stesso si dica del sinodo provinciale tenutosi a Pergamo nell'anno 1317. Nella rubrica XXX di questo sinodo,[3] sotto il titolo "*De fide facienda Dioecesano proprio vel eius Vicario*" si danno delle disposizioni per porre riparo a dei mali provenienti da illecita presa di possesso od usurpazione di benefici ecclesiastici. "....Quapropter, si stabilisce, volentes animarum periculis obviare, et institutiones illicitas corrigere, sicut decet,.... praesenti constitutione sancimus, perpetuo validura, quod quicumque de cetero, in civitate seu diocesis vel provincia Mediolanensi adipiscetur, vel obtinuerit dignitatem, beneficium,.... ab alio quam a suo diocesano Episcopo seu Archipraesule, sive etiam ab alio quam ab ipso constitutus fuerit ad easdem, postquam ipsius ecclesiae, dignitati,.... possessionem pacificam obtinuerit,.... faciat suam fidem, infra mensem, de sua institutione, exhibens sui tituli et institutionis iura coram proprio diœcesano pontifice, seu Archipraesule, *aut eius Vicario Generali, inspicienda et examinanda per eum....*" Si noti che non dice *aut eius Vicario Generali ipso Episcopo absente*, ma *aut eius Vicario Generali, inspicienda et examinanda per eum.* Sembra evidente che il Vicario Generale abbia potuto esaminare questi documenti per il Vescovo anche quando questi fosse stato presente e che, conseguentemente, l'officio di un Vicario Generale *praesente Episcopo* era cominciato a divenire piuttosto frequente. D'altra parte, l'evoluzione non era ancora terminata perchè, per tacere di altri, il Concilio di Ravenna, tenutosi nello stesso anno, (1317) fa menzione ancora dei Vicari Generali *Episcopo in remotis agente.* Nella rubrica XI, infatti, stabilendo le pene per i chierici non residenti, si decreta che nel futuro, se essi si assentano per oltre quindici giorni dalle loro chiese, senza speciale licenza chiesta ed ottenuta "*ab Ordinario loci,*

[3] Mansi, XXV, 509.

vel *eius Vicario, ipso Ordinario extra civitatem agente*", siano *ipso iure* privati di tutti i benefici che avessero ottenuti in quella diocesi.[4] Il Fournier, parlando della stabilizzazione dell'officio del Vicario Generale anche quando il Vescovo è presente, cita il primo decreto del Concilio di Salamanca tenutosi nel 1335,[5] e dice che esso indica nettamente che a quel periodo il Vicario Generale agisce anche quando il prelato è in diocesi. "Questo decreto, egli dice,[6] fu motivato dai reclami dei canonici lagnandosi che i Prelati sceglievano i Vicari Generali fuori del loro collegio. In conseguenza si stabilisce che i Vescovi li scelgano tra i membri della chiesa cattedrale. "*....ad exercendum eorum vices.... cum ipsi fuerint absentes, vel praesentes, de sua iurisdictione uti non voluerint*". Noi crediamo, però, che il chiaro autore, in questo punto particolare, non è corretto ed ha preso una parola per un'altra. Il testo, riportato dal Mansi, che egli quota non dice "*vel praesentes et sua iurisdictione uti non* voluerint" ma, *vel praesentes et sua iurisdictione uti non* valuerint" il che ha un significato totalmente diverso. Quindi noi crediamo che il testo citato dal Fournier, anzichè provarci la stabilizzazione della giurisdizione del Vicario Generale *praesente episcopo*, ci prova invece che a quel tempo si riscontrano ancora le traccie dell'antico Vicario Generale del Vescovo assente o impedito, "*uti non valuerint*".

È convincentissimo, peraltro, quello che il nostro autore dice immediatamente dopo, che cioè, il commento al capitolo III del libro I, titolo IX in VI°, Giovanni Andrea si esprime in modo da dimostrare che egli ignora il carattere primitivo del Vicario Generale e che Federico da Siena, suo contemporaneo, con molta più veemenza dice che, sebbene qualche volta il diritto dica che il Vicario Generale possa esercitare la sua giurisdizione solamente quando il Vescovo sia assente, pure egli crede che è cosa comune e regolare che egli possa esercitarla anche quando il Vescovo è presente a meno che non

---

4 Mansi, XXV, 609.
5 Mansi, XXV, 1048.
6 Fournier, *op. cit.*, pag. 101.

siano casi riservati o reverenziali. Si può dunque dire che nell'ultima metà del secolo XIV, l'officio di un Vicario Generale *praesente Episcopo* era pressochè stabilito e comune nella Chiesa e che, negli anni seguenti, esso non fece che riaffermarsi sempre più fino a divenire, nel secolo XV, una istituzione di diritto comune.

ARTICOLO II.

L'OFFICIO DEL VICARIO GENERALE *PRAESENTE EPISCOPO.*

Dal punto in cui siamo arrivati fino alla pubblicazione del codice del diritto canonico, questa istituzione come tale non subì cambiamenti. Dal secolo XV al XX, il Vicario Generale del Vescovo fu sempre il collaboratore, l'altro *Ego* del Vescovo nell'amministrazione dell'intera diocesi, sia che quest'ultimo fosse presente o assente. Ci resterà perciò di occuparci in quest'ultima parte del nostro breve lavoro storico, solamente delle sue attribuzioni e facoltà, il che faremo brevemente con l'aiuto dei documenti dei diversi decreti dei concilii, delle decisioni delle Sacre Congregazioni Romane e degli Autori. Accenneremo ad esse brevemente perchè di questa materia avremo occasione a parlare più diffusamente nella seconda parte di questo libro. Stabilito che fu un Vicariato permanente nella Curia diocesana, è chiaro che si dovettero man mano determinare le sue attribuzioni.

§ 1. *Dai documenti.*

Da alcuni documenti di cui dobbiamo essere grati al Fournier il quale li pubblica nelle Appendici I, II, III, del suo lavoro storico,[7] possiamo vedere chiaramente che, fin dal principio della sua stabilizzazione le attribuizioni di quest'officio furono numerose ed importantissime. Ad esclusione del-

[7] Fournier, *op. cit.*, pag. 131-149.

l'esercizio della giurisdizione contenziosa che, come abbiam detto, veniva sbrigato dall'Officiale,[8] egli, il Vicario, si occupava dell'intera amministrazione della giurisdizione graziosa. È infatti all'officio del Vicario Generale che si fa l'applicazione per l'approvazione ed istituzione di confraternite; è colà che si applica per la riconciliazione di chiese e cimiteri polluti, per il permesso, trattandosi di parroci, di risiedere lontano dalla parrocchia e di farsi sostituire da un Cappellano. È per mezzo del Vicariato Generale che si danno le lettere dimissorie per la ricezione di ordini sacri, o le dispense dalle pubblicazioni matrimoniali, impedimenti etc. È il Vicario Generale che stabilisce le lettere di collazione delle chiese, cappellanie e beneficii, lettere rivelanti censure ed erregolarità etc.[9] Nè si arrestò quì la sua attività. Nel 1305 i Vicari Generali del Vescovo di Tournai *Tornacensis Episcopi Vicarii Generales in spiritualibus et temporalibus*" spedirono una circolare ai Decani della cristianità per convocare i loro sudditi al Concilio provinciale di Seulis. Nel 1309, i Vicari del Vescovo di Noyon tennero un sinodo e promulgarono delle disposizioni. L'anno seguente, Raimondo da Egone Vicario Generale del Vescovo di Cambrai dispensa "*super defectu natalium*". Nel 1314, i Vicari Generali di Costanza notificarono tutti i giudici a loro dipendenti e specialmente all'Officiale di Costanza, di dover cessare tutte le persecuzioni contro i cittadini di Klinguan. Nel 1318 il Vicario del Vescovo di Costanza autorizza una colletta per la costruzione di un ospedale e concede quaranti giorni di indulgenza ai benefattori, Nel 1331 i Vicari Generali del Vescovo di Arras delegarono l'Arcidiacono di dare possesso al nuovo curato di Mondicourt. Nel 1368-71 i Vicari Generali di Theroranne

[8] Non fu raro però il caso in cui, oltre i monti, o per la piccolezza della diocesi o per la scarsità dei casi, il Vescovo nominava un solo Vicario Generale al quale spettava anche l'esercizio della giurisdizione contenziosa. Cfr. Schmalz, *op. cit.*, pag. 19 e secq.

[9] Fournier, *op. cit.*, pag. 104.

fecero sapere a quali condizioni erano disposti a togliere l'interdetto che avevano posto su una città.[10]

Il fatto che in nessuno dei citati documenti si fa menzione alcuna del Vescovo *in remotis agente*, mentre in molti altri documenti contemporanei riportati dal medesimo autore nello stesso luogo, questa menzione è chiara ed esplicita, ci fa supporre che, se non in tutti questi casi, almeno nella maggior parte di essi, si trattava di Vicari agenti *praesente Episcopo*.

Un altro testimonio della grande potestà del Vicario Generale, fin dalla sua stabilizzazione, si ha in due decreti di nomina riportati dallo stesso Fournier. Tutti e due sono della diocesi di Rouen, l'uno, con data del 13 ottobre 1364, per la nomina di un certo Tommaso Andry a Vicario *in spiritualibus et temporalibus* e ad Officiale, l'altro, con data del 29 Agosto del 1573, per la nomina del Maestro Giovanni Bigues a Vicario Generale *in spiritualibus et temporalibus* della stessa diocesi. Nel primo documento, dopo essersi dichiarata la scelta della persona per le sue buone qualità, se ne annunzia la nomina e gli si dà la facoltà di esercitare, a nome del Vescovo, la giurisdizione Episcopale *in spiritualibus et temporalibus* sulle chiese della città, diocesi e provincia Rotomagense, senza tener conto della presenza o assenza del Prelato. Gli si conferisce, inoltre, la facoltà di sentire, trattare e decidere tutte le cause e questioni civili, spirituali e criminali, sia di diritto che di consuetudine appartenenti al foro ecclesiastico e temporale della diocesi, sia nel presente che nel futuro. Facoltà di visitare, riformare, indagare, correggere, punire e sospendere gli ecclesiastici "*ad tempus vel in perpetuum.*" Di unire o dividere in perpetuo più chiese e benefici semplici vacanti, dopo che il candidato sia stato presentato dal Patrono, ad esclusione, peraltro, di quelli che "*ad nos et nostram ecclesiam pertinent pleno iure*" poichè la collazione di essi era riservata all'Arcivescovo. "*quorum collationem et ordinationem nobis penitus reservamus....*" E, poco più giù si aggiunge: "et generaliter, omnia alia et singula ad ecclesiasticam et tempo-

---

[10] Cfr. Fournier, *op. cit.* Appendice I. n, X, XIbis, XIII, XIV, XVII, XXI, XXXII, ed altri, pag. 131-137.

ralem iurisdictionem spectantia, etiam si præter præmissa, speciales casus, specialem mandatum exigant, exercere, facere et tractare sicuti nosmetipsi possimus spiritualiter et temporaliter, si personaliter adessemus, exceptis etiam decimarum et feudorum investituras quæ potestati nostrae specialiter reservamus. Vices nostras quoad hæc in quibus potestatem dedimus eidem tempore præsentium committentes, donec eas ad nos, forsan duxerimus revocandas." [11]

Gioverà cominciare a notare fin da quì, i casi riservati, il mandato speciale e la revocabilità dell'officio *ad nutum*, di cui avremo a parlare più tardi. Dello stesso tenore è il secondo documento di nomina. Dopo di aver dichiarato la nomina, l'Arcivescovo conferisce all'eletto facoltà libera ed autorità plenaria, per mezzo di speciale e generale mandato, di governare per lui ed in suo nome, tutto ciò che riguarda l'amministrazione spirituale e temporale della sua città, diocesi e provincia. E quì comincia l'elenco delle facoltà, e noi accenneremo solamente le principali, quali, per esempio, la facoltà di deputare qualsiasi Vescovo in comunione con la Sede Apostolica di conferire Ordini minori o di esercitare "*quaecumque alia pontificalia.*" Facoltà di esaminare i candidati agli ordini sacri, di concedere le dimissorie, di nominare ed approvare, in suo nome, i Cappellani delle chiese, di dispensare sull'impedimento di natali illegittimi, sui banni matrimoniali etc. Egli può, parimenti, eseguire mandati apostolici od altri di qualsiasi genere diretti all'Arcivescovo. Può convocare sinodi ed adunanze di qualsiasi altro genere, visitare e riformare monasteri, abbazie e chiese." "Gratias et remissionem, pro sua discretione faciendi.... Et generaliter omnia et singula faciendi.... *quae de iure vel consuetudine facere potest Vicarius Generalis legitime constitutus*, etiam si mandatum exigerent magis speciale, et quae faceremus et facere possimus si praesentes et personaliter adessemus." Ed infine si aggiunge: "Promittentes, habere ratum et gratum quidquid per dictum Bigue, Vicarium

---

[11] Fournier, *op. cit.*, pag. 143-144.

nostrum, actum et confectum fuerit, et expeditum in præmissis." [12]

Questi documenti, è vero, ci rivelano piuttosto l'autorità stragrande che il Vicario Generale otteneva per mezzo di mandati generali o speciali, autorità sorpassante di gran lunga i limiti che il diritto comune gli attribuiva in virtù del suo officio, però essi non possono fallire a darci un'idea chiara dell'importanza grandissima che egli aveva acquistata in questo tempo nella Curia diocesana.

§ 2. *Nei Concilii*

Passiamo ora a vedere ciò che i Concilii di questo periodo e degli anni seguenti hanno a dire di lui. Fin dal 1429, il concilio Dertusano aveva stabilito che i Vicari Generali dovevano essere "in sacris ordinibus constituti" sotto pena della invalidità degli atti da loro emanati.[13] Il Concilio di Siviglia (Spagna) del 1512 prescrive che, essendo necessario che i prelati siano informati dello stato, vita, beneficii etc. delle persone acclesiastiche, tutti i Vicari dell'Arcivescovato e provincia debbono trasmettere ogni anno, queste informazioni al Vescovo ed ai suoi *Provisores* e che, essendo le cause matrimoniali di grande importanza, esse devono essere transatte solamente da uomini dotti, prudenti e periti dei sacri canoni, quindi nessun Vicario ò giudice ecclesiastico si ingerisca nella cognizione delle cause matrimoniali eccezion fatta solo per i *Provisores seu Officiales generales*.[14] Ed il Concilio Toletano del 1506, stabilisce che i Metropolitani e Vescovi non possono costituire *Provisores aut Vicarios* se non ecclesiastici che siano già stati ordinati sacerdoti o che vengono ordinati tali nello spazio di sei mesi.[15] Nella terminologia spagnola esistente

---

[12] Fournier, *op. cit.*, pag. 145-146.

[13] Capitolo X, Mansi, XXVIII, 1149.

[14] Canone XXIX, e LVIII, Mansi, XXXII, 607, e 625

[15] Capitolo IX, Mansi, XXXIV, 547.

prima del codice, il Vicario Generale veniva generalmente chiamato *Provisor.*[16]

È sentenza comune degli autori, antichi e moderni, fondata sullo spirito stesso del Concilio di Trento, che esso concilio, dette, per così dire, l'ultimo tocco definitivo alla grandezza del Vicario Generale del Vescovo. L'autorità e giurisdizione che in esso si nega, o meglio, si toglie all'Arcidiacono, viene passata al Vicario Generale.[17] Egli, come l'antico Arcidiacono, diviene la figura più eminente, dopo il Vescovo, nella Curia e nell'intera diocesi. Il Capitolo III, Sessione XXIV, de Riform.[18] stabilisce espressamente che i Patriarchi, Primati, Metropoliti e Vescovi, debbono visitare le loro diocesi personalmente, ma se fossero legittimamente impediti, possono mandare il loro Vicario Generale.

E nel capitolo IV della stessa sessione,[19] si dà facoltà ai Vescovi di assolvere tutti i sudditi nelle loro rispettive diocesi, da tutte le irregolarità e sospensioni contratte per delitto occulto, eccetto quelle provenienti da omicidio volontario o altre spettanti al tribunale contenzioso, e da tutti i casi occulti anche riservati alla Santa Sede. Questa facoltà essi possono delegarla anche al loro Vicario Generale. "....per seipsos aut Vicarium ad id specialiter deputandum". Immediatamente dopo il Concilio Tridentino, quello di Salisburgo, (1569) dedica l'intera Costituzione XVIII,[20] al Vicario Generale del Vescovo. Nel capitolo primo di questa costituzione si enumerano le qualità che deve possedere colui che viene eletto a quest'officio. Egli deve essere "....sacris initiatus.... iuxta canones optime sit peritus et inter lepram et non lepram sciat discernere.... Nec mirum...." poichè se si richiede la laurea o almeno la perizia in diritto per l'Arcidiacono, ciò si deve richiedere maggiormente nello scegliere il Vicario Ge-

---

16 Enciclopedia Universal ilustrada Europeo Americana. Vedi *Provisor*, vol. XLVII, pag. 1269.

17 Cfr. Wernz-Vidal *op. cit.*, II, n. 634.; Chelodi, *op. cit.*, n. 199.

18 Mansi, XXXIII, 158.

19 Mansi, XXXIII, 160.

20 Mansi, XXXVIa, 170.

nerale la cui autorità, non si restringe ad una sola parte della diocesi, ma si estende per lungo e per largo nella diocesi del suo Vescovo. Egli perciò deve essere riconosciuto primo dopo il Vescovo e perfino l'Arcidiacono deve essere sottoposto alla sua autorità poichè il Vicario Generale è come un altro Vescovo. "Veluti alter est Episcopus". Essi si avvertono, peraltro, che non esercitino la loro giurisdizione al di là di quanto è stato determinato dal Vescovo, si prescrive il giuramento da farsi prima di assumere l'officio e se ne riporta l'intera formula che ci piace di trascrivere.

"Ego, N. a vobis reverendissimo d. d. N. Episcopo, N. assumptus in generalem vicarium sive officialem huius diocesis N. firma fide credo et profiteor omnia et singula quae continentur in simbolo fidei, quo Sancta Romana ecclesia utitur, videlicet. Credo in unum Deum, Patrem Omnipotentem, factorem coeli et terrae, visibilium omnium et invisibilium. Et in unum Dominum Nostrum Jesum Christum, Filium Dei Unigenitum. Et reliqua superius in fine decimae constitutionis contenta, ubi integra ipsius professionis fidei forma traditur. Item et vobis reverendissimo d. d. N. veram oboedientiam spondeo et profideo. Cui etiam promitto in omnibus perficiendis examinibus, inquisitionibus, sententiis, visitationibus, reliquisque actionibus, similibus mihi commissis atque committendis, vel non aliter quam sacri canones docent atque exigunt, processurum.

Sic me Deus adiuvet, et haec Sancta Dei Evangelia".[21]

Dalle parole di questo concilio, è chiaro che in questa provincia, generalmente, il Vicario Generale aveva anche l'officio di Officiale del Vescovo, però ciò non costituisce una seria obbiezione alla nostra tesi esposta nel capitolo precedente.

Nei concilii posteriori, troviamo che in quello di Reims, del 1583, dopo essersi ripetuto, sotto il titolo "*De Visitatione*" quanto era stato già stabilito dal Concilio di Trento sull'obbligo del Vescovo di far visitare la sua diocesi al Vicario Ge-

---

[21] *Concilio di Salisburgo*, Costituzione XVIII, cap. I, II, III. Mansi, 170-171.

nerale qualora egli fosse legittimamente impedito, si passa al titolo "*De Synodo Diocesana*" e si dà la facoltà al Vicario Generale di presiedere il sinodo se il Vescovo non fosse presente. "....in eis praesideat Episcopus, vel eo absente, eius Vicarius Generalis".[22] Questa stessa facoltà gli viene data dal Concilio Burdicolense dello stesso anno,[23] e dal *Concilium Aquense* di due anni più tardi, (1583) "Non alium in synodo dioecesana praesidere oportet, quam Vicarius Episcopi, eo absente". E poco più giù si aggiunse: "Singulis annis in dioecesana synodo, ab Episcopo vel eius Vicario, examinatores sex ad minus proponantur, qui synodo satisfaciant, et ab ea approbante: adveniente vacatione cuiuslibet ecclesiae, tres saltem ex illis eligat Episcopus, quicum eo vel eius Vicario examen proficiant. Idem faciat in examine promovendorum ad ordines." [24]

§ 3. *Nelle Congregazioni Romane*

Con lo stabilimento, nel secolo XVI, della maggior parte delle Congregazioni Romane, la materia diviene sempre più chiara, e le attribuzioni di questo dignitario della curia diocesana divengono sempre più precise mediante le molteplici risposte, decisioni e decreti che queste congregazioni dettero sul nostro soggetto, fin dal principio della loro istituzione. Così, la Congregazione dei Vescovi e Regolari il 20 marzo del 1576, rispondendo al Vescovo di Siena, stabilì che un Parroco non può essere Vicario Generale del Vescovo. "È tanto necessaria, essa dice, la residenza dei parroci nelle loro chiese per la cura delle anime che hanno, e così strettamente è comandata dai canoni antichi e ultimamente dal Concilio di Trento, che questa Congregazione, non ha mai tollerato che chi ha cura di anime possa servire altrove, nè ancor nella medesima diocesi per Vicario del Vescovo", e comanda, perciò al medesimo Vicario di Siena il quale "ha una Parrochiale

---

[22] Mansi, XXXIVa, 712.
[23] Capitolo XXXIII, Mansi XXXIVa, 790.
[24] Mansi, XXXIVb, 1001.

con cura di anime" di dimettersi e di "andare a soddisfare l'obbligo che ha di pascere il popolo dato in custodia...."[25] Una simile risposta fu data al Vescovo di Osimo il 4 agosto dell'anno 1578.[26] La medesima Congregazione, già dal 1521, aveva stabilito che il Vicario Generale del Vescovo non poteva ritenere il suo Vicariato neppure se avesse un coadiutore nella sua parrocchia.[27] Così, parimenti nel 1577 si stabiliva che il nipote del Vescovo non poteva essere Vicario Generale e, l'anno seguente, che neppure il fratello del Vescovo poteva essere nominato a quest'officio, specialmente se egli non fosse stato dottore. "....Praesertim si non sit Doctor...." [28] Su questo punto, pare che la Congregazione fosse ben risoluta, perchè in una risposta al Vescovo di Como del 2 dicembre 1578, essa si esprime in modo molto più chiaro. Non si tollera che quel Vescovo abbia come Vicario Generale un suo fratello, "....sì per essere cosa insolita,.... come perchè è male intesa massima, non essendo questo suo fratello Dottore.... il che tanto meno si deve tollerare perchè in Como vi sono uomini molto dotti a servirla in questo suo officio." [29] Spesso però la Congregazione permise ai Vescovi di avere Vicari Generali non Dottori.[30]

Nell'anno 1587, la medesima Congregazione proibiva che un nativo della città vescovile o della diocesi venisse eletto Vicario Generale, al quale decreto però furono ammesse molte eccezioni.[31] Erano parimenti ineleggibili a quest'officio i Regolari a meno che non avessero avuto, oltre agli altri requisiti, la licenza della S. Sede di uscire dalla clausura, oppure a meno che la diocesi non fosse stata sotto la giurisdizione di un Abate, nel qual caso un monaco dello stesso ordine poteva essere il suo Vicario Generale. Però, se l'Abate non

[25] A. Bizzari, *Collectanea in usum S. Congregationis E. E. et R. R.* pa. 209.

[26] Bizzari, *op. cit., pag.* 214.

[27] Ferraris, *Bibliotheca*, pag. 573.

[28] Ferraris, *op. cit. loc. cit.*

[29] Bizzarri, *Collectanea*, pag. 217.

[30] Ferraris, *op. cit.* pag. 574.

[31] Cfr. Ferraris, *op. cit., loc. cit.*

avesse avuto un monaco idoneo e dotato dei requisiti prescritti, avrebbe dovuto eleggere un Dottore del clero secolare.[32] Neppure il Canonico Penitenziere poteva essere nominato Vicario Generale del Vescovo. Nel 1611, la S. Congregazione, scrivendo al Vescovo di Rimini gli ripete l'ingiunzione di rimuovere il canonico penitenziere dall'officio di Vicario Generale della sua diocesi, "....a ciò si levi via ogni occasione di suspenzione che il foro esteriore possa valersi della notizia degli eccessi del foro interiore".[33] Negli anni seguenti le decisioni di questa Sacra Congregazione si fanno sempre più numerose e precise.

Grande contributo alla stabilizzazione della dottrina sul Vicario Generale fu dato anche:

1) Dalle conclusioni e risoluzioni emanate dalla Sacra Congregazione dei Cardinali per l'interpretazione del Concilio Tridentino.

2) Dalle decisioni del Tribunale della Sacra Rota.

Ne accenneremo brevemente alcune. La *Sacra Congregatio Cardinalium S. Concilii Tridentini interpretum*" nel 1588 stabilì che il Vicario Generale può concedere licenza speciale ed espressa di assistere al Matrimonio ad un Sacerdote che non sia il parroco dei contraenti.[34]

Nel 1593, nel "*Dubium ad cap.* 8, *sess*, 23, *de Reform*" la stessa Congregazione rispose che il Vicario Generale senza mandato speciale, non può concedere le dimissorie per la ricezione di ordini sacri, e, nel mese di settembre dello stesso anno, si pone fuori dubbio che a lui spetti la precedenza sui canonici, a meno che una legittima consuetudine non permetta il contrario.[35] Qualche anno più tardi, si esortano i Vescovi perchè eleggano a Vicari Generali ecclesiastici insigniti dell'ordine sacerdotale, "....sed legem generalem concedere

---

32 Cfr. Ferraris, *op. cit.*, pag. 537.

33 Bizzarri, *op. cit.*, pag. 244.

34 Pallotini, *Collectanea omnium conclusionum et resolutionum etc.* pag. 112, n. 41.

35 Pallottini, *op. cit.*, *loc. cit.*, n. 36, 33, 35.

haud censuit".[36] Nell'anno 1622 si delibera che il Vicario Generale del Vescovo defunto non può essere costretto dal Capitolo *sede vacante*, a rendere conto della giurisdizione esercitata durante il suo officio.[37] E, nel 1641, si proibisce che egli si ingerisca nella collazione parrocchiale che è vacante, quando la collazione spetta al Papa; gli si dà però potestà di "conferre Parochialem vacantem, idoneo, praevio examine ab ipso approbando" se la collazione spetta all'Ordinario e la parrocchia sia di un tenue reddito.[38]

Non meno interessanti sono le decisioni della Sacra Romana Rota. Una del 19 aprile 1627 indirizzata al "*Revmo P. D. Durano Episcopo Urgellensi*" attesta e conferma l'identità del tribunale del Vicario Generale con quello del suo Vescovo. "....Nec etiam afficit si dicatur quod Vicarius in casu nostro attestatur de praesentatione Monialium in praejudicium tertii, scilicet D. Archiepiscopi, quia, cum ipsi unum et idem constituant tribunal, factum unius reputatur factum alterius: ita ut D. Archiepiscopus non possit dici tertius respectu sui proprii Vicarii...." [39] Lo stesso si ripete in un'altra decisione dell'anno 1629, (18 maggio) indirizzata al "*Revmo. P. D. Pirovano*".[40] L'anno seguente si risponderà al "*Revmo P. D. Merlino decano Alexandrino*" e si proibirà al Vicario Generale di "auctorizzare facta super iuribus ecclesiae" senza un mandato speciale del Vescovo.[41] Un'altra decisione inviata al medesimo nel 1632, dichiara che, "....Episcopo.... suspecto existente, potest etiam illius Vicarius recusari...." [42] e, finalmente, per riferirne un'altra, il 12 giugno dell'anno 1634, si deliberò che il Vicario Generale può conferire beneficii se ne ha il mandato speciale del Vescovo.

---

[36] Cfr. *In Hispaniarum, die 19 Julii 1597*, Pallottini, *op. cit.*, n. 8, pag. 109.

[37] Pallottini, *op. cit.*, n. 74, pag. 115.

[38] Pallottini, *op. cit.*, n. 27, 28, pag. 111.

[39] *Sacrae Rotae Romanae Decisiones Recentiores, a Paolo Rubeo selectae*. Tom. I, decis. 53, n. 24, pag. 119.

[40] Ibidem. Tom. I, decis. 291, n. 9, pag. 548.

[41] *Op. cit.*, Tom. VI, decis. 410. n, 9, pag. 803.

[42] *Op. cit.* Tom. VI, decis. 165, n. 16, pag. 308.

"....non obstat quod collatio istius canonicatus Magistralis, fuerit per Vicarium facta, qui non potest hoc facere ex generali mandato, si collatio spectat ad Episcopum sed requirebatur speciale ut in capite: *De Ofiifco Vicarii in VI°....*" [43]

§ 4. *Negli Autori*

Furono dunque i costumi generali di alcune località, la dottrina dei diversi Concilii e finalmente le molteplici risposte e decisioni delle diverse S. Congregazioni Romane che dettero materiale abbondantissimo ai canonisti del secolo XVI e XVII per scrivere *ex professo* dei veri trattati sul Vicario Generale. Il primo che più estensivamente e magistralmente produsse un lavoro completo su questo soggetto, fu lo Sbrozzio, S. J. con la pubblicazione del tuo trattato: *De Vicario Episcopi*, nel 1604. Ci duole che non ci sia stato possibile di avere tra le mani una copia di questo prezioso lavoro, però da altri trattati posteriori nei quali si quota l'illustre canonista quasi in ogni paragrafo, possiamo dire che egli fu il primo a gettare le fondamenta di questa dottrina in modo sistematico e che gli autori posteriori non hanno fatto che ripetere, generalmente, quello che era già stato detto da lui, e sviluppare i suoi concetti con l'aiuto di posteriori legislazioni e norme speciali. Così il Barbosa nel suo libro *De officio et potestate Episcopi* che fu pubblicato a Roma per la prima volta nel 1621, dedica l'Allegato LIV,[44] al Vicario Generale ed assomma in esso la dottrina del tempo riferendosi specialmente allo Sbrozzio ed altri autori contemporanei. Nei primi 14 paragrafi, egli parla delle qualità e requisiti che il candidato deve possedere. Dopo di aver premesso che il Vescovo deve essere sollecito nell'eleggere una persona "qualificatam, circumspectam, bonæ et approbatae vitae.... et quae non declinet ad destram nec ad sinistram, ut post multos, admotat Sbrozius",[45] cita nuova-

---

[43] *Op. cit.*, Tom. VI, decis. 249, n. 81, pag. 552.

[44] Barbarosa, *De officio et potestate Episcopi*, Pars. III, pag. 110 e seqq.

[45] Barbora, *op. cit.*, pag. 113.

mente lo Sbrozzio e dice che il Vicario Generale non dovrebbe essere estero. "....externus non expedit eligi ad Vicariatum....". Non può essere laico nè coniugato, "....etiam si cum unica et virgine contraxisset....". Un membro del laicato può essere Vicario Generale "tantum in temporalibus" o anche in "spiritualibus" ma solo dopo aver ottenuto la dispensa dal Romano Pontefice. Il Vicario Generale non può essere creato prima che il Vescovo prenda possesso della sua diocesi. I Religiosi degli Ordini Mendicanti sono addirittura inabili a quest'officio, gli altri Monaci e Religiosi possono essere eletti dal Vescovo dopo aver ottenuto il consenso dall'Abate o dal Superiore.[46]

Passando poi a parlare sulla potestà del Vicario Generale, l'illustre autore, tra le sentenze, allora comuni, attribuentigli, l'una potestà delegata, l'altra potestà ordinaria, sostiene quest'ultima. Premette sei dei principali argomenti degli avversarii e, dopo averli confutati tutti, conclude: "Ex quibus omnibus colligitur Generalem Episcopi Vicarium ordinaria sibi a lege concessa, non delegata iurisdictione potiri; unde provenit quod cum aequalis iurisdictio utriusque sit, imo et unum tribunal et adiutorium constituant, de uno ad alium appellari non possit, quia substantia appellationis exigit ut de inferiori ad superiorem deferatur appellatio, non ad equalem vel ad eumdem".[47] I Vescovi debbono nominare a Vicari Generali persone perite in diritto canonico e civile e non ignari di Teologia Morale. "....videlicet, qui sit doctor aut licentiatus in iure canonico" e di almeno 25 anni di età. Il Vescovo, inoltre, nel crearlo gli deve consegnare il Mandato in iscritto, e quì l'autore riporta la stessa formula che lo Sbrozzio aveva già suggerita nel suo trattato.[48] È opinione comune che il Vicario Generale deve essere costituito *in spiritualibus et temporalibus*, però l'autore continua: "....verius tamen existimat sufficere ut costituatur Vicarius Generalis in spiritualibus.... Nicol. Garc.... esserens in Bullis et litteris Apostolicis aliquan-

---

[46] Barbosa, *op. cit.*, pag. 114, 115.
[47] Barbosa, *op. cit.*, pag. 119.
[48] Barbosa, *op. cit.*, pag. 120.

do Vicarium in Spiritualibus generalem appellari, et aperte id ipsum dicit Concilium Tridentimus sessio 13, de Reform. cap. 2...." [49] In quanto alla estensione della sua giurisdizione, tutto dipende dalla commissione generale che il Vescovo gli consegna quando fa la nomina. Il Vicario Generale, infatti, poco o niente può fare in materia beneficiale, senza mandato speciale. "Beneficia conferendi potestas non conceditur in generali vicariatus commissione", conseguentemente egli non può conferire Vicarìe perpetue, nè può egli accettare le dimissioni da beneficii, o deporre dai medesimi. Non può parimenti sopprimere beneficii nè eriggere nuove parrocchie, senza il mandato speciale.[50] Questo mandato speciale era necessario anche per esercitare atti appartenenti all'Ordine puramente Vescovile, ancorchè egli fosse stato insignito di questo stesso ordine. Si richiedeva, parimenti, per assolvere dall'eresia, per imporre penitenze pubbliche, per concedere indulgenze, togliere interdetti, concedere dimissorie, a meno che il Vescovo non fosse *in remotis*, visitare la diocesi, congregare il Sinodo etc. Essendo egli, peraltro, costituito in dignità, poichè ha l'amministrazione e giurisdizione nelle cose ecclesiastiche, "....*Praelatus diritur*...." e può essere esecutore "....gratiarum beneficialium quae expediuntur in Curia Romana". Rappresenta sempre la persona e l'autorità del suo Vescovo, e tiene il luogo di questi. Ha precedenza sull'Arcidiacono ed anche sugli Abati, Arcipreti, Canonici, anche se siano Vescovi, ed altri Prelati inferiori al Vescovo.[51]

È il Vescovo tenuto ad eleggere il Vicario Generale? L'autore risponde, "...(videtur,) dicendum Episcopum teneri sibi Vicarium constituere propter ingentes occupationes...." poichè da solo, anche se fosse zelantissimo, non potrebbe attendere a tutto, però la Sacra Romana Rota ritiene il contrario, "...Verum contrarium amplexa est Sacra Rota Rom...", quindi il Vescovo, per sè non è tenuto a nominare il Vicario Generale per la sua diocesi. Alla questione se il Vescovo ne

---

[49] Barbosa, *op. cit.*, pag. 121.
[50] Barbosa, *op. cit.*, pag. 121, 123.
[51] Barbosa, *op. cit.*, pag. 123, 127.

possa eleggere anche due, il Barbosa risponde affermativamente, "et binos principales.... dummodo tamen eos constituat in loco ubi sedem habet; Generalis enim Vicarius dicitur ille qui constitutus est cum generali potestate in loco ubi Episcopus sedem habet...." [52] Passando, finalmente l'autore a parlare dei varî modi con cui l'officio e la potestà del Vicario Generale può cessare, dice che la cessazione si ha nei casi seguenti:

1) Se il Vescovo la rievoca, poichè l'officio del Vicario del Vescovo è revocabile *ad nutum*.

2) Se il Vescovo viene afflitto da scommunica.

3 Se il Vescovo muore sia di morte naturale che di morte civile. Però avverte che è valido tutto ciò che il Vicario fa in materia di giurisdizione, prima che gli giunga la notizia della morte del Vescovo, anche se essa dovesse tardare molto tempo.[53]

Degno di nota particolare è anche il lavoro del Pellegrino, "*Praxis Vicariorum*" stampato a Venezia nel 1706. L'autore dedica al Vicario Generale del Vescovo le due prime sezioni della parte prima del suo libro, ed in esse conferma, più o meno, la dottrina dello Sbrozio e del Barbosa e sembra che sia più specifico nel determinare ciò che il Vicario Generale può fare in forza del mandato generale. Egli può istituire "*præsentatos ad iuspadronatum*" dispensare da irregolarità occulte, da omicidio causale occulto, "....potest excommunicationes omnes facere, quas potest Episcopus, quia idem faciunt concistorium...." ed, in quanto a giurisdizione, può fare tutto ciò che il Vescovo stesso può fare a norma del diritto comune. Può conoscere le cause della mensa vescovile, essere giudice nelle cause del Vescovo, sentire le confessioni dei fedeli e sottodelegare ad assolvere nei casi riservati. Egli precede tutti i membri del capitolo ed "exercet omnia sicut Episcopus".[54] Nella *Subsectio secunda*, l'autore ha una lunga lista degli atti che il Vicario Generale non può esercitare

52 Barbosa, *op. cit.*, pag. 126.
53 Barbosa, *op. cit.*, pag. 126.
54 Pellegrino, *Praxis Vicariorum*, P. I. Sectio II, pag. 9, 11.

senza il mandato speciale ed in sostanza tutto si riduce a quanto già lo Sbrozzio, il Barbosa ed altri avevano scritto, specialmente riguardo agli atti beneficiali ed a quegli altri che, per la loro natura grave, s'intendevano essere riservati al Vescovo. Passando a parlare della natura della giurisdizione del Vicario, egli sostiene l'opinione dello Sbrozzio, Barbosa ed altri e la ritiene ordinaria. Sul numero dei Vicari, l'obbligo o no da parte del Vescovo di nominarli, e la cessazione del loro officio, il Pellegrino ripete quanto era stato insegnato precedentemente.[55]

Che cosa del Vicario Generale dell'Arcivescovo? Sono le sue facoltà uguali ovvero più estese di quelle del Vicario Generale del Vescovo? A questa domanda il Pellegrino risponde nella sessione III, subsectio I, II, riassumendo la dottrina del tempo. In primo luogo bisogna notare che il Vicario Generale dell'Arcivescovo ha la stessa autorità e giurisdizione che il Vicario Generale del Vescovo ha nella diocesi suffraganea poichè egli, come questi, forma uno stesso tribunale con l'Arcivescovo, quindi da lui non si fa appello alla Curia o tribunale Arcivescovile, ma direttamente al Papa.[56] Circa la giurisdizione in riguardo ai sudditi dei Vescovi suffraganei, la dottrina è ben definita e si ritiene che egli non ha giurisdizione alcuna su di essi, come neppure l'ha l'Arcivescovo, "*nisi tantum in casibus a iure expressis*.... Imo et adeo limitata est eius (Vicarii Generalis) iurisdictio in subditos suffraganeorum ad causas appellationum tantum, extra casus exceptuatos, et expressos in iure, ut alias, nullam prorsus in praedictos habet iurisdictionem, etiam ipsis volentibus, nisi consentiant ipsi suffraganei....". Egli, peraltro, decide e giudica tutte le cause che dalle sentenze dei Vicari Generali dei Vescovi suffraganei vengono appellate al tribunale dell'Arcivescovo e, con mandato speciale, può fare tutto ciò che può fare lo stesso Arcivescovo *quibusdam tantum ordinis Episcopalis exceptis*.[57] Egli non può minacciare i suffraganei sotto pena di scommu-

[55] Pellegrino, *op. cit.*, pag 11-24.
[56] Pellegrino, *op. cit.*, pag. 25, 26.
[57] Pellegrino, *op. cit.*, n. 4, 5, pag. 26.

nica, "....ratio est quia Vicarius Archiepiscopi non potest ferre sententiam vel exercere iurisdictionem vel promulgare censuras ecclesiasticas in suffraganeos existente in provincia Archiepiscopo" e ciò, per riguardo specialmente alla loro dignità episcopale, "....sed intelligitur de sententia definitiva censurarum et non quando Vicarius Generalis Metropolitanus inhibet sub poena suspensionis seu interdicti.[58] E, finalmente, egli ha "....eamdem iurisdictionem et auctoritatem.... ac habent ipsi Archiepiscopi a iure, vel ab homine...." purchè ne abbia ricevuto, da questi, il mandato speciale.[59]

Un altro trattato completissimo sul Vicario Generale fu scritto, più tardi, dal Leurenio, S. J. e noi non possiamo esimerci dall'accennare, brevemente, alla precisione e chiarezza dell'autore nell'esporre nel modo più esauriente la dottrina del tempo. Vicario Generale, dice il Leurenio, citando lo Sbrozzio, è "*....qui vices gerit Episcopi in eodem cum Episcopo tribunali*". Egli perciò differisce dall'Arcidiacono "*qui etsi iurisdictionem ordinariam habeat, non iudicat tamen in eodem cum Episcopo tribunali*" e differisce dai Vicari Foranei perchè questi hanno solo giurisdizione delegata e limitata ad un definito territorio.[60] Oltre ai Vescovi, hanno diritto all'elezione del Vicario Generale, i Cardinali nelle chiese del loro titolo, "....habent enim ibidem hi Cardinales iurisdictionem Episcopalem...." e gli amministratori dell'Episcopato i quali alle volte vengono eletti dal Papa per prendere l'amministrazione di una diocesi. L'Arcivescovo può eleggere il Vicario Generale per una diocesi suffraganea, solamente in caso in cui il Vescovo, tenuto a farlo, non lo facesse dopo un tempo determinato assegnatogli dal Metropolita stesso. Se in casi simili il Papa ne elegesse uno, come qualche volta avviene, allora egli prende il nome di *Vicarius a Sede Apostolica* e non può essere rimosso dal Vescovo, ma dalla sola Sede Apostolica.[61]

---

58 Pellegrino, *op. cit.*, n. 21, pag. 27.
59 Pellegrino, *op. cit.*, n. 49, pag. 32.
60 Leurenio, *Forum beneficiale, De Vicario Generali Episcopi.*
61 Leurenio, *op. cit.*, pag. 471.

Nei capitoli seguenti il Leurenio passa a parlare della dignità, precedenza e giurisdizione del Vicario Generale, e speciale importanza egli dà al capitolo III dove in 14 paragrafi si estende a parlare della potestà che il Vicario ha in virtù del mandato generale e di quella che acquista in forza del mandato speciale. Noi non analizzeremo questi diversi paragrafi sia perchè, quantunque l'autore li svolga con rara particolarità, egli mantiene, nelle linee generali, la dottrina già stabilita ed insegnata dai dottori precedenti, sia ancora perchè come abbiamo già accennato, di essi avremo occasione di parlare nella seconda parte di questo nostro lavoro.

Nei trattati degli autori posteriori, ad eccezione di qualche punto ancora controverso, quale, per esempio, la natura della giurisdizione del Vicario, la sua precedenza sul Capitolo della Cattedrale, non si nota alcun cambiamento sostanziale alla dottrina comunemente ritenuta, quindi possiamo dire che al momento della pubblicazione del Codice del Diritto Canonico, il Vicario Generale era: "*Un ecclesiastico, eletto dal Vescovo a fare le sue veci* in spiritualibus et temporalibus *nell'intera diocesi, e perciò esercitante nel medesimo tribunale del Vescovo, la stessa giurisdizione episcopale in tutto, eccezion fatta solo di quegli atti che il Vescovo si fosse riservati a sè o che per la loro natura sono tali da considerarsi riservati al Vescovo. Per l'esercizio di questi atti, è necessario che egli abbia speciale mandato del Vescovo*".

Ciò posto, possiamo passare a vedere ciò che della dottrina antica il Codice ha ritenuto, ciò che ha modificato e ciò che, in materia controversa, ha definito, ponendo così fine alle questioni agitate dai Dottori.

PARTE II

INTRODUZIONE

Prima di intraprendere la trattazione canonica del nostro soggetto, ci piace di notare che oggi il Codice non dà più adito a discussione sulla identità o distinzione tra il Vicario Generale e l'Officiale del Vescovo. Questa controversia, con la pubblicazione del Codice, è divenuta un soggetto puramente storico lasciato agli storici del diritto canonico.

Checchè sia stato di questi due officii ecclesiastici per il passato, checchè sia stato detto delle diverse consuetudini vigenti nelle varie nazioni del mondo cattolico, e della terminologia ecclesiastica, oggi è certo che il Vicario Generale è perfettamente distinto dall'Officiale del Vescovo. Mentre, infatti, il Codice stabilisce che, quando i Vescovi lo credano necessario per il buon andamento della diocesi, si eleggano un Vicario Generale per il necessario aiuto nell'esercizio della giurisdizione episcopale dell'intera diocesi,[1] li obbliga, d'altra parte, ad eleggere un Officiale, *distinto dal Vicario Generale*, perchè, con potestà ordinaria, assuma l'esercizio della giurisdizione contenziosa nel tribunale vescovile. È solo in via eccezionale, quando cioè la diocesi fosse molto piccola, ovvero il numero dei casi molti limitato, che si permette la cumulazione dei due offici.[2]

Questa distinzione precisa che il Codice fa tra la giurisdizione graziosa o amministrativa e la giurisdizione contenziosa

---

[1] Can. 366 § 1.
[2] Can. 1573 § 1.

o giudiciale del Vescovo e tra i suoi rappresentanti nell'esercizio di essa, facilita considerevolmente il nostro lavoro. Essa ci fa vedere questi due agenti vescovili nel disbrigo di affari appartenenti a due rami distinti di giurisdizione; ci rende capaci di attribuire, senza confusione, a ciascuno di essi le attribuizioni proprie del loro offico e, nel caso nostro, ci rende abili di intraprendere immediatamente il nostro studio canonico del Vicario Generale su principii, in generale, ben definiti che ce lo rappresentano come: *Un Sacerdote che, legittimamente deputato dal Vescovo, esercita, a nome suo, generale giurisdizione graziosa episcopale sull'intera diocesi, sia sulle cose spirituali che temporali ed in modo tale che gli atti esercitati da lui sono considerati come esercitati dal Vescovo stesso.*[3]

[3] Cfr. Wernz-Vidal, *Jus Canonicum*, II, n. 635; Cappello, *Summa juris canonici*, I, n. 394; Vermeersch-Cruesen, *Epitome*, I, n. 433.

CAPITOLO IV.

LA NOMINA DEL VICARIO GENERALE

Canone 366 § 1. Quoties rectum diœcesis regimen id exigat, constituendus est ab Episcopo Vicarius Generalis qui ipsum potestate ordinaria in toto territorio adiuvet.

§ 2. Vicarius Generalis libere ab Episcopo designatur, qui eum potest ad nutum removere.

§ 3. Unus tantum constituatur, nisi nel rituum diversitas, vel amplitudo diœcesis aliud exigat; sed Vicario Generali absente vel impedito, Episcopus alium constituere potest qui eius vices suppleat.

ARTICOLO I.

§ 1. *Chi ha il diritto alla nomina.*

Il diritto di nominare il Vicario Generale spetta solamente ai Vescovi residenziali ed a tutti coloro che, per legge, sono equiparati ad essi, vale a dire, gli Abati e Prelati *Nullius*. Si escludono perciò i Vicarii e Prefetti Apostolici, i quali, nonostante abbiano potestà ordinaria quasi-episcopale e "iisdem iuribus et facultatibus in suo territorio gaudent, quæ in propriis diocesibus competunt Episcopis residentialibus",[4] solamente possono nominare, per concessione speciale fatta loro da Benedetto XV, (A.A.S., 1920, pag. 120), uno o più Vicarii Delegati. Il Vicario Generale che, secondo i canonisti antecedenti al codice,[5] i Vicari e Prefetti Apostolici avevano l'ob-

---

[4] Can. 294 § 1.

[5] Bouix. *Op. cit.*, vol. I, Parte 2, cap. 3, § 3.. Wernz, *Jus Decretalium*, II, n. 804.

bligo di nominare, non era il Vicario Generale quale lo intendiamo noi, ma un Vicario Sostituto o Assistente il quale, in forza delle costituzioni Benedettine: "*Ex sublimi*, del 26 gennaio 1753 e *Quam ex sublimi*, dell'8 agosto 1755, doveva essere nominato da ogni Vicario o Prefetto Apostolico per poi succedere nel regime del Vicariato o Prefettura.

Che i Vicari e Prefetti Apostolici abbiano potuto, prima del codice, nominare il loro Vicario Generale con tutte le proprietà giuridiche del Vicario Generale del Vescovo, non consta. Da un decreto del S. Officio del 20 febbraio 1888 [6] in cui Leone XIII dichiara che sotto il nome di Ordinario vengono tutti i Vescovi residenziali, Amministratori, "...seu Vicarios Apostolicos, Prælatos seu Præfectos.... eorumque officiales seu Vicarios in spiritualibus generales...." e, maggiormente, più tardi, dal canone 294 § 1 che dà ai Vicari e Prefetti Apostolici gli stessi diritti e facoltà che competono ai Vescovi residenziali, non mancarono Vicari e Prefetti i quali, anche dopo il codice, credettero di avere la facoltà di nominarsi il Vicario Generale.[7] . Per rendere chiaro l'atteggiamento della S. Sede in riguardo, Benedetto XV, in una udienza del 6 novembre 1919, dopo aver sanato in radice la nullità degli atti di giurisdizione esercitati da missionari che avessero potuto agire da veri Vicari Generali, autorizzò il Cardinal Prefetto di Propaganda Fide di spedire ai Vicari e Prefetti Apostolici una lettera con la quale, pur negando loro il diritto di nominarsi il Vicario Generale, concesse loro, allo stesso tempo, la facoltà di nominare uno o, se fosse necessario, anche più Vicari Delegati che pratticamente godessero le stesse facoltà che il codice attribuisce al Vicario Generale del Vescovo." Iuxta can 198 C.I.C., Vicariis et Præfectis Apostolicis ius non competit sibi eligendi Vicarium Generalem, sicut fas est Episcopis residentialibus; sed ipsis potestatem tantum est nominandi, cum numeribus in singulis casibus determinandis, delegatum, qui etiam alius esse potest quam provicarius, de quo in can 309.

---

[6] *Fontes* n. 1109.

[7] *Periodica*, XIII, (1924) pag. (16).

Sed cum ex alia parte opportunum videatur Superiores Missionum auctoritate pollere sibi eligendi aliquem vicarium, qui practice eadem gaudeat iurisdictione quam ius canonicum Vicariis Generalibus tribuit, non exclusa habituali potestate executioni mandandi rescripta pontificia atque utendi iisdem peculiaribus facultatibus quas hæc S. Congregatio Ordinariis locorum communicat, SS.D.N. Benedictus div. Prop. Pp. XV, in audientia habita ab infrascripto Cardinali Præfecto S.C. de Pro. Fide, die 6 novembris anni 1919 hæc in bonum Missionum sua benignitate concessit;

I. Sanavit nullitatem actuum iurisdictionis positorum ab illis Missionariis qui fortasse ut vere Vicarios Generales se gesserunt.

II. Elargitus est Ordinariis Missionum potestatem nominandi *Vicarium Delegatum*, si eo indigeant, cui practice concessa sit omnis iurisdictio in spiritualibus et temporalibus, qua ex Codice I.C. uti potest Vicarius Generalis in diœcesi.

Ex hac concessione, omnibus Superioribus Missionum facta, nunc tu poteris Vicarium Delegatum nominare, qui gaudeat omnibus facultatibus Vicario Generali tributis, ad norman can. 368 § 1.2.

De numero autem et de officio Vicariorum Delegatorum in unaquaque Missione eadem valent quae de Vicario Generali in Codice I.C. statuta sunt (can 366 et seq.) [8]

La ragione intima del diniego fatto ai Vicari e Prefetti Apostolici di nominare il Vicario Generale si riscontra nel fatto che i Vicari e Prefetti sono essi stessi Vicari Generali del Papa in luoghi di Missisone dove non è stato ancora stabilita la gerarchia ecclesiastica, e, come tali, hanno sì giudisdizione ordinaria, ma ordinaria vicaria. Ma coloro che, per diritto, possono nominare il Vicario Generale con potestà odinaria vicaria debbono, essi stessi, avere potestà ordinaria propria, quindi i Vicari e Prefetti Apostolici si debbono escludere. A ciò si aggiunga la disposizione positiva del diritto il quale, nel can 198 § 1, sembra implicare chiaramente che la facoltà di avere

---

[8] A. A. S. 1920, pag. 120.

il Vicario Generale spetta ai soli Vescovi residenziali ed agli Abati e Prelati *Nullius.* "In iure nomine Ordinarii, dice il codice, intelliguntur.... Episcopus residentialis, Abbas vel Prælatus *nullius* eorumque Vicarius Generalis" e poi, quasi volesse fare un'altra classificazione, continua: "Administrator, Vicarius et Præfectus Apostolicus etc...[9] Il decreto dice che le facoltà di questo Vicario Delegato sono pratticamente uguali a quelle che il codice concede al Vicario Generale del Vescovo, però si noti che, contrariamente al Vicario Generale;

1) la sua giurisdizione è giurisdizione vicaria delegata e perciò sottodelegabile solamente in casi singoli e specifici.

2) Egli non forma una stessa persona giuridica con il suo Superiore, quindi si dà sempre luogo al ricorso da lui al Vicario o Prefetto Apostolico, il quale, per sè, può anche correggere gli atti posti dal Vicario delegato.

3) Ritiene la sua giurisdizione con la cessazione o sospensione di quella del suo Superiore.[10]

4) Fino a che non si ha una dichiarazione da Roma, non hai diritti onorifici che spettano al Vicario Generale.[11]

Anticamente si insegnava che i Cardinali, anche se non fossero stati dell'ordine dei Vescovi, potevano nominare un Vicario Generale per la chiesa del loro titolo, perchè si riteneva che la loro giurisdizione in quelle chiese, fosse giurisdizione episcopale. "...Habent enim, dice il Laurenio, ibiden, hi Cardinales, iurisdictionem Episcopalem," [12] oggi però questo principio non vale più perchè è sentenza comune che la loro giurisdizione nelle chiese del loro titolo è giurisdizione puramente "domestica".[13]

È controversa l'opinione se l'Amministratore Apostolico *permanenter constitutus*, abbia o no la facoltà di nominare il Vicario Generale durante il tempo in cui egli ha l'amministra-

---

[9] G. Vromant, *Periodica*, XVIII (1928-1929) pag. 70.

[10] G. Vromant, *op. cit.*, pag. 76; Toso, *Jus Pontificium*, VII, (1927) pag. 138.

[11] Periodica, XI, (1923) pag. (109).

[12] Leurenio, *De Vicario Generali Episcopi*, questione XXII.

[13] Vermeersch-Cruesen, *Epitome*, I, n. 313.

zione della diocesi.[14] Dal canone 315 § 1, che equipara l'Amministratore Apostolico permanente al Vescovo residenziale attribuendogli gli stessi diritti e le stesse obbligazioni di quest'ultimo, Vermeercsh-Cruesen deduce che tale Amministratore, più che essere un Vicario del Papa, è un sostituto del Vescovo ed ha, perciò, secondo lui, il diritto di eleggersi il Vicario Generale ogni volta che lo crede necessario.[15] Nell'opinione contraria si ha Wernz-Vidal il quale, attenendosi al canone 198 dove l'Amministrazione si classifica con i Vicari e Prefetti Apostolici, ed al senso della lettera della S. Congr. della Progazione della Fede dell'8 di dicembre 1919, (A.A.S., 1920, pag. 120.) dalla quale sembra che si voglia concedere questo diritto solamente ai Vescovi residenziali, agli Abati e Prelati *nullius*, dice: "Attento can 198, ius constituendi Vicarium Generalem ad solos pertinet Episcopos residentiales, nec non ad Abates vel Prælatos *nullius*".[16] Pare che l'illustre canonista attribuisca all'Amministratore Apostolico la sola facoltà di delegare un'ecclesiastico che prenda cura del regime della diocesi in caso che egli venisse impedito a norma del can. 429 § 1, o venisse a morire.[17] Delle due opinioni, noi favoriamo quella del Vermeersch, sia perchè è più conforme alla dottrina comunemente accettata prima del codice,[18] sia ancora perchè ci sembra armonizzare di più con lo spirito del codice stesso. Sappiamo, infatti che il codice fa grave obbligo al Vescovo di nominare il Vicario Generale

[14] È certo che l'Amministratore *ad tempus* non possa perchè il codice lo equipara al Vicario Capitolare, (can. 315 § 2, 1°) il quale, secondo l'ipinione ora comunemente accettata, non può nominare il Vicario Generale. Cfr. Periodica, XIII, (1924) pag. (17).

[15] Vermeersch-Cruesen, *Epitome*, I, n. 434 e 387.

[16] Wernz-Vidal, *Jus Canonicum*, n. 636.

[17] *op. cit.* n. 560.

[18] Cfr. Leurenio, *op. cit.* quest. XXIV, il quale, proposta la questione, risponde affermativamente nel caso in cui l'Amministratore venga dato ad una diocesi *sede vacante*, e, nel caso in cui la sede sia *plena*, pur ammettendo che la questione era disputata, manifesta la sua opinione dicendo: "Videtur id posse, quia gerit iurisdictionem et potestatem ordinariam Episcopi, qui id potest". Vedi anche Bouix *op. cit.*, pag. 402.

quando il buon regime della diocesi lo richieda, (can 366 § 1) ora, se il canone 315 § 1 equipara in tutto l'Amministratore Apostolico *permanenter constitutus* al Vescovo Residenziale, attribuendogli gli stessi diritti ed obbligazioni, "Administrator Apostolicus, permanenter constitutus iisdem iuribus et honoribus fruitur, iisdemque obligationibus tenetur, ac Episcopus residentialis," non vediamo come il Legislatore non voglia fare anche a lui l'obbligo che il canone 366 impone ai Vescovi residenziali, quello cioè di nominare un Vicario Generale qualora ciò sia necessario per la buona amministrazione della diocesi. Noi crediamo perciò che tale Amministratore, possa benissimo, come il Vescovo, farlo ogni volta che il buon regime della diocesi che gli è stata affidata lo richeda, e ciò, senza riguardo alle condizioni della sede, sia essa piena o vacante. Lo stesso ritiene D'Angelo, il quale, però, fa notare che in pratica è preferibile che l'Amministratore elegga un Vicario Delegato [19] ed Augustine il quale insegna che se un Vescovo ha una diocesi per propria sede e, di un'altra ne è l'amministratore, ha il diritto ad eleggere un Vicario Generale anche per quest'ultima.[20]

§ 2. *Se esiste un obbligo alla nomina.*

Prima del codice, circa l'obbligo o meno da parte del capo della diocesi di nominarsi il Vicario Generale, si avevano tre sentenze. Il Leurenio ci riferisce una lunga lista di Dottori i quali ritenevano che il Vescovo, assolutamente parlando, non era mai tenuto a nominarsi il Vicario Generale, ed in un'altra, non meno lunga, di coloro secondo i quali il Vescovo era obbligato a farlo anche in caso in cui non ce ne fosse stato bisogno. Altri, finalmente, presero una via di mezzo e distinsero insegnando che il Vescovo non era tenuto nè poteva essere costretto a nominarlo se da solo avesse potuto disimpegnare il suo officio, ma che, al contrario, era obbligato a farlo, non

---

19 D'Angelo. *La Curia Diocesana*, Serie I, n. 3, pag. 10.

20 Augustine, *A Commentary on the new Code of Canon Law*. II, pag. 397.

solo per diritto ecclesiastico, ma per diritto di natura, se egli solo non fosse riuscito ad amministrare convenientemente la sua diocesi.[21] Questa terza opinione che il Leurenio stesso ritiene più probabile, divenne unica,[22] ed è stata adottata dal codice stesso. L'avverbio *quoties* usato dal Codice non è stato, forse, scelto troppo felicemente per rendere chiaro il concetto. Traducendo il *quoties* letteralmente, si dovrebbe dire che il Vescovo è tenuto a nominare il Vicario Generale "ogni tante volte" che il buon regime della diocesi ciò richiede. Però una tale traduzione potrebbe far tirare false conseguenze. Se, infatti, il Vescovo è tenuto solamente ogni quante volte il buon regime della diocesi lo richiede, ne seguirà che egli non sarà tenuto a farlo "ogni tante volte" che il medesimo buon regime non lo esigge. Verificandosi, perciò, il caso in cui un Vescovo non abbia bisogno di aiuto continuo, ma solo per pochi mesi dell'anno, per esempio durante il tempo del conferimento del Sacramento della Cresima, egli potrebbe benissimo nominare un Vicario Generale che rimanesse in officio per quei mesi di occupazione solamente, e poi disfarsene per nominarlo di nuovo ogni quante volte il buon regime della diocesi lo richiederà nel futuro. Un'interpretazione simile, però, sarebbe erronea ed ingiustificabile perchè un Vicario Generale di questo genere si ridurrebbe più o meno ad un plenipotenziario vescovile temporaneo e la sua istituzione non risponderebbe affatto alla mente del Legislatore. Il Codice non vuole che egli venga nominato ogni quante volte ciò sia necessario, ma vuole che la nomina si faccia dove e quando le condizioni la rendino necessaria, quindi l'avverbio *ubi* o *quando*, avrebbe espresso l'idea molto meglio del *quoties*. L'espressione *quoties rectum dioecesis regimen id ixigat*, non impone un obbligo assoluto al Vescovo di nominarsi il Vicario Generale, ma lascia alla sua prudenza il giudizio sulla necessità o meno della nomina. Que-

---

21 Leurenio, *op. cit. quest.* XXVII.

22 Reiffensteul, *Jus Canonicum Universum*, Lib. I. tit. 28., n. 65; Bouix *op. cit., loc. cit.*, § 3; Ferraris *Bibliotheca* sotto il nome *Vicarius Generalis*, Articolo I, n. 4; Wernx, *Jus Decretalium*, tit. XXXVII, n. 804.

sta necessità ed obbligo, secondo quanto il codice suggerisce, esiste solo quando la buona amministrazione della diocesi lo richiede.[23] Che cosa s'intende per *Quoties rectum dioecesis regimen id exigat*, è, quindi, quello che noi dobbiamo cercare di interpretare.

In altro luogo, quando il codice impone al Vescovo l'obbligo di nominare un Officiale *distinto* dal Vicario Generale, lo esenta da quest'obbligo, solamente in due casi, quando cioè la diocesi fosse molto piccola, ovvero quando il numero dei casi non fosse considerevole. Se una di queste due condizioni si verifica, quest'officio può essere esercitato dal Vicario Generale.[24] Il codice, dunque, suppone l'esistenza del Vicario Generale in diocesi, anche quando questa è piccola e gli affari ecclesiastici sono pochi. Se, nell'interpretare l'espressione *quoties rectum dioecesis regimen id exigat*, ci riferiamo al can. 1573, il che ci pare più che giustificabile, noteremo che, in pratica, è molto difficile il caso in cui, secondo lo spirito del codice, il buon regime della diocesi non richieda la nomina del Vicario Generale. Se, perciò, diciamo che la piccolezza della diocesi o la pochezza degli affari può scusare il Vescovo dal nominare il Vicario Generale, ci sembra di concedere anche troppo, certo molto più di quello che concede il codice stesso. Ed invero, per quanto piccola sia la diocesi, per quanto pochi siano gli affari e per quanto zelante sia il Vescovo, è difficile che la buona amministrazione della diocesi non richieda la nomina del Vicario Generale. "Inspectis gravibus negotiis, quæ persolvere debet Episcopus, vel variis occupationibus ministerii sacri quibus distrahitur, dici potest iuxta sensum cap. 15 de off. et pot. Iudic. Ord. illum generaliter teneri".[25] Non è improbabile che la clausola "*quoties etc.*" apposta a questo canone, si riferisca, più che ai Vescovi residenziali, agli Abati o Prelati *nullius*, i quali avendo Prelature ed Abazie di pochissime par-

---

[23] De Meester, *Juris canonici et iuris caninico-civilis compendium*, II, n. 726.; Cappello *Summa iuris canonici*, I, n. 394.; Wernz-Vidal, *Jus canonicum*, n. 636.; Badii, *Manuale iuris canonici*, I, n. 242.

[24] Can. 1573 § 1.

[25] Santi, *Praelectiones iuris canonici*, I, pag. 212.

rocchie, (possono avere anche tre parrocchie solamente, Can. 319 § 2,) possono benissimo governare le loro diocesi ed assicurare il buon regime delle medesime senza aver bisogno di nominare un Vicario Generale.[26] Se dunque il buon regime della diocesi richiede la nomina del Vicario Generale, il Vescovo è obbligato, *sub gravi*, a nominarlo; *Constituendus est*, non è una esortazione, ma una imposizione, specialmente se la diocesi fosse molto vasta, i sudditi di diverse lingue, la salute del Vescovo malferma etc.[27] Che se il Vescovo venisse a mancare dalla diocesi per lungo tempo, o se ne dovesse assentare frequentemente, allora quest'obbligo diviene addirittura assoluto e di diritto naturale. Nè può egli, in questo caso, ad evitare la nomina del Vicario Generale, farsi rappresentare da uno o più delegati, perchè ciò sarebbe contro l'unità del regime; unità che è tanto necessaria, se non addirittura essenziale, al buon governo della diocesi. "Nam si forte non resideat, tunc ex iure naturali fluit dicta obligatio. Unitas enim regiminis ad rectam diœceseos curam necessaria est. Cui unitati sufficienter non consuleret Episcopus divisam inter plures delegatos iurisdictionem. Nec pariter sufficeret relinquere delegatum ad universalitatem causarum, quia ab isto daretur appellatio ad delegantem qui, utpote absens, nequiret eas appellationes expedire. Unde recta ratio dictat debere semper manere in diœcesi superiorem qui iursdictionem ordinariam habeat: proinde si Episcopus non resideat, non merum delegatum sed Vicarium Generalem ob bonum diœcesis, relinquere tenetur".[28] Se il Vescovo venisse meno al suo obbligo, può esser costretto ad adempierlo dalla Sacra Congregazione Concistoriale, non già più dall'Arcivescovo.[29]

---

[26] Cfr. *Monitore Ecclesiastico*, 1918, vol. X. pag. 183, nota.

[27] Cocchi, *Commentarium ad codicem iuris canonici*, III, n. 283.; Badii *op. cit.* n. 242.

[28] Bouix, *op. cit.*, pag. 406 e seqq. Vedi anche Wernz, *Jus Decretalium*, tit. XXXVII, n. 804.; D'Angelo ritiene probabile che, nel caso in cui il Vescovo è presente in diocesi, egli può soddisfare all'obbligo di eleggere il Vicario Generale col nominare un Vicario Delegato. Cfr. l'autore *op. cit.*, *loc. cit.*, nota 1.

[29] Wernz-Vidal, *Jus Canonicum*, II, n. 636.; Ferraris, *op. cit.*,

§ 3. *Ambito della giurisdizione del Vicario Generale.*

Qui ipsum potestate ordinaria in toto territorio adiuvet. Del significato di "*potestate ordinaria*" avremo occasione di parlare più tardi quando tratteremo della natura della giurisdizione del Vicario Generale. Ora parleremo dell'ambito di essa. "*In toto territorio,*" queste due parole esprimono eloquentemente l'ambito della giurisdizione che *ex iure* compete a quest'officio. Per sè, dunque, il Vicario Generale deve avere potestà, in certo qual modo essenzialmente universale ed estesa a tutto il territorio della diocesi, a tutti i membri di essa ed a tutti gli atti di giurisdizione vescovile.[30] Questa universalità di giurisdizione gli era rivendicata unanimamente da tutti i canonisti che scrissero prima del codice i quali insegnarono che ogni sostanziale riduzione di territorio o di cause avrebbe ridotto il Vicario Generale ad un semplice delegato. Il Bouix riporta la dottrina del Lamen "*pro certo omnino tenendam,*" il quale nel capitolo "Romana, 1 de officio Vicarii, in sexto," così dice. "Requiritur ad generalem vicariatum, ut tum generalitas locorum seu totius dioecesis, tum vero generalitas causarum ipsi commissa sit. Sin vero Vicarius aut Officialis Episcopi solum constitutus sit pro civitatensibus, non potest censeri generalis, sed iurisdictio eius censetur diversa a iurisdictione Episcopali, non absimilis iurisdictioni Vicariorum ruralium."[31] Il Ferraris insegna parimenti.[32] Questa universalità di giurisdizione, peraltro, non deve essere necessariamente tale nel senso assoluto

---

loc. cit., Art. I., n. 5-7.; Vermeersch-Cruesen, *Epitome*, I, n. 313.; Cappello, *op. cit.*, *loc. cit.;* D'Angelo, *op. cit.*, *loc. cit*.

[30] E' solo in via eccezionale, come vedremo più tardi, che si permette la nomina di più Vicari Generali i quali, pur avendo giurisdizione universale *ad validitatem*, circa gli atti di giurisdizione, non l'hanno *ad liceitatem* in quanto al territorio o persone perchè, mediante accordo, possono esercitarla solamente in determinato territorio della diocesi o su determinata classe di persone. Cfr. D'Angelo. *op. cit.* pag. 10-11.

[31] Bouix, *op. cit.*, pag. 353.

[32] Vicarius Generalis in aliquo loco vel parte dioecesis cum facultate generali pro omnibus causis eiusdem loci vel partis, est solum delegatus non autem Vicarius Generalis Episcopi...." *op. cit.*. *loc. cit.*, N. 16..

della parola; è sufficiente che essa sia moralmente universale e ciò sia in riguardo ai casi che al territorio. Sarà quindi Vicario Generale colui che, quantunque chiamato ad esercitare l'intera giurisdizione episcopale su tutta la diocesi, viene, allo stesso tempo, proibito dal diritto o dal superiore, di esercitare qualche atto principale senza permesso o delegazione, o di esercitare la sua giurisdizione in qualche luogo particolare della diocesi. È solo con questo principio che potremo spiegare come la giurisdizione del Vicario Generale rimanga, nella sua natura, universale anche quando, a modo di eccezione, qualche restrizione vien fatta alle sue facoltà. Di queste restrizioni non ne mancarono nel diritto antico,[33] e nel diritto moderno ne incontreremo altre, però, lo ripetiamo, esse devono essere a modo di eccezione ed in modo tale da non distruggere la morale universalità della sua giurisdizione.

§ 4. *Vicari Generali Onorarii.*

Il codice non parla della nomina di Vicari Generali onorarii, però la consuetudine vigente in alcune nazioni di Europa, specialmente in Francia,[34] di avere Vicari Generali onoralii, ha fatto sorgere la questione se, con la promulgazione del codice, il Vescovo possa o no procedere a tale nomina. A questa domanda risponde A. Boudinhou con un interessante articolo nella *Revue du clergé* del 1920. L'illustre autore comincia col dire che, siccome il codice tace su questo punto, la disciplina antica è quella che si deve guidare; indi egli passa a fare tre ipotesi in cui, secondo lui, si possono avere Vicari Generali onorarii. La prima ipotesi, la quale è molto comune in Francia, è quella in cui il Vescovo nomini molti Vicari Generali di cui però alcuni hanno solamente il nome e le onorificenze senza esercitarne la giurisdizione perchè diversamente occupati, come, per esempio, il Rettore del Seminario. Tali Vicari, rigorosamente parlando, non sono Vicari Generali ono-

[33] Cfr. *Cum in Generali*, tit 13, lib. I, in sexto.; *Cum nullus*, tit. 9, lib. I, in sexto.

[34] Cfr. Mothon, *Institutions canoniques*, Art. 585, noto (3).

rarii, ma Vicari Generali veri e poprii, e per essi provvede il codice nel canone 366 § 3 col proibirne la nomina. Nella seconda ipotesi, l'autore considera quei Vicari che, avendo benemeritato durante il loro servizio in qualità di Vicari Generali, nel ritirarsi dall'officio, col beneplacito del Vescovo, ne ritengono il nome solamente, senza distinzioni onorifiche, ad eccezione della precedenza sugli altri, *coeteris paribus*, ed al diritto di avere il loro nome stampato nell'Ordo immediatamente dopo quello del Vicario Generale in funzione. Il Baudinhou ritiene che, siccome non si ha legislazione in proposito che si opponga esplicitamente a questa pratica, niente impedisce al Vescovo di mantenere tali Vicari Generali benemeriti. Quello, che, secondo l'autore, non si può ammettere perchè non c'è stata nè c'è la pratica e neppure si deve introdurre, è la nomina a Vicari Generali onorarii di Sacerdoti della diocesi o estranei alla stessa guisa dei canonici onorarii. La nomina di questa terza categoria di Vicari Generali, secondo lui, sarebbe illecita e la validità o nullità di essa, egli dice, potrà essere dichiarata solamente dopo lunghe discussioni canoniche.[35] Lo studio del chiaro canonista francese è molto ingegnoso e logico e la sua opinione solidamente probabile.

ARTICOLO II.

COME SI NOMINA IL VICARIO GENERALE E QUANTI SE NE POSSONO NOMINARE

§ 1. *Come si nomina il Vicario Generale.*

Vicarius Generalis libere ab Episcopo designatur, qui eum potest ad nutum removere. Can. 366 § 2.

—1—Non mancarono canonisti del secolo XV e XVI, tra i quali lo Sbrozzio, S.J., i quali ritenevano che, per nominare validamente il suo Vicario Generale, il Vescovo non solo doveva sentire il consiglio del Capitolo della Cattedrale, ma

[35] *Revue du clergé.* 1920, Tom. 101, pag. 456 e seqq.

doveva averne addirittura il consenso. La consuetudine contraria, però, rese ben presto questa dotrina obsoleta sicchè, già fin dal principio del secolo XVII, si ebbe l'opinione universalmente accettata che la nomina del Vicario Generale spettava al Vescovo "....et quidem sine requisitione consensus aut consilii Capituli." [36] Che il codice dovesse confermare tale dottrina era cosa più naturale. L'Officio del Vicario Generale, infatti, è un officio di fiducia e tale da fare del Vescovo e del Vicario una sola persona giuridica,[37] è giusto perciò, anzi necessario, che la sua nomina sia rilasciata alla piena libertà del Vescovo. Oggi, dunque, si esclude ogni intromissione, non solo del Capitolo della Cattedrale o dei Consultori diocesani, ma anche del Governo e suoi rappresentanti, a meno che a questi ultimi non siano stati concessi definiti privilegi su questo riguardo per mezzo di concordati; e qualsiasi consuetudine contraria alle prescrizioni di questo paragrafo sarebbe iragionevole (Cfr. S. Congregazione del Concilio, 11 dicembre 1920) e perciò riprovevole a norma del canone 27.[38] Essendo la scelta del Vicario Generale lasciata interamente alla libera e sola volontà del Vescovo, l'officio viene conferito a lui non *a iure*, ma *ab homine*. Egli è conseguentemente revocabile dal suo officio *ad nutum*, a piacere del Vescovo. Le leggi di giustizia ed il diritto alla buona fama, peraltro, esigono che il Vescovo, per procede alla recova del suo officio, abbia ragioni sufficienti e relativamente gravi. Una revoca arbitraria e senza giustificazione, per quanto valida, sarebbe sempre illecita.[39] Il Vescovo non è tenuto a manifestare le ragioni che lo hanno indotto alla revoca, eccetto nel caso in cui il Vicario, ingiustamente esonerato, faccia ricorso alla S. Congregazione Concistoriale per ottenere giustizia o riparazione dell'onore perduto. Un ricorso tale, se si fa, ed il Vicario ha

---

[36] Leurenio, *op. cit.*, quest. XX.; Bouix *op. cit.*, pag. 400-401; Ferraris *op. lit.*, *loc. cit.* Art. I, n. 3.

[37] Toso. *Jus pontificium*, V, (1925) pag. 9.

[38] Toso, *Jus pontificium*, VII, (1927) pag. 139.; Wernz-Vidal, *Jus canonicum*, II, n. 637.; Augustine, *op. cit.*, II, pag. 396.

[39] Ayrinhac, *Constitution of the Church in the new Code of Canon Law*, Lib. II, n. 168.

tutto il diritto di farlo, è in *devolutivo*, can. 192, § 3, ed il Vescovo può essere obbligato a rivelare le ragioni del suo operato.[40] Per essere il Vicario Generale rimovibile *ad nutum*, egli, con la nomina, assume non già un beneficio, ma un vero officio ecclesiastico. "Munus Vicarii Generalis, sane beneficium ecclesiasticum sensu strictu non est.; caret enim subiectiva perpetuitate neque eidem adscripta esse solent bona ecclesiastiva, in quorum reditus Vicarius Generalis propter suum officium quoddam perpetuum consequatur. At indubitanter, verum officium ecclesiasticum esse dicendum, quoniam subiectiva perpetuitas ad rationem officii ecclesiastici non requiritur; obiectiva autem perpetuitas non deest, cum ipsa iuris sanctione officium Vicarii Generalis sit constitutum atque eidem quamprimum ab Episcopo nominatus est, vi officii, non mera commissione Episcopi, ex lege complexus quidam iurium et obligationum exercondus concedatur." [41]

—2—Il Vescovo può nominare il Vicario Generale solamente dopo aver assunto la giurisdizione della diocesi, cioè a dire, dopo aver preso canonico possesso di essa. Ogni nomina fatta da lui precedentemente alla presa di possesso, anche se abbia già ricevuto la bolla di istituzione dal Papa, sarebbe invalida. Non è necessario, peraltro, che egli sia stato consacrato,[42] nè che abbia fatto l'entrata officiale in diocesi. La presa di possesso deve farsi a norma del canone 334 § 3. Negli Stati Uniti dell'America del Nord, dove non si hanno Capitoli nelle Cattedrali, le lettere apostoliche si presentano ai consultori diocesani, alla presenza del Cancelliere, ed è costume di fare ciò contemporaneamente all'entrata officiale del Vescovo in diocesi e precisamente immediatamente prima della Messa Pontificale.

La nomina del Vicario Generale, a norma dei canoni

---

40 Wernz-Vidal, *op. cit.*, n. 637.; Cappello, *op. cit.*, n. 394.; Chelodi, *Jus de personis*, n. 200.

41 Wernz. *Jus Decretalium*, II. n. 805.

42 Leurenio, *op. cit.*, quest. XXIX.; Bouix, *op. cit.*, pag. 403.; Ferraris, *op. cit.*, *loc. cit.*, Art. I, n. 17.; Wernz, *op. cit.*, n. 804.; Cappello, *op. cit.*, II, n. 394.

159 e 364 § 1, si deve fare e consegnare in iscritto e, per quanto non ci sia una determinata formula prescritta, noi suggeriamo la seguente, molto semplice, ma completa, che prendiamo da "La Curia Diocesana" di Monsignor Sossio D'Angelo.

"Cum ad omnia singulaque Nostri officii numera in amplissima diœcesi per Nosmetipsos adimplenda viribus impares habeamur, cunctis Nobis commissi gregis operibus, in quantum fieri potest, plane satisfacere cupientes, Nostrae pastoralis vigilantiæ et sollicitudinis socium ac adiutorem eligere statuimus. Quapropter te admodum reverendum dominum N. N..... in sacra theologia et iure canonico doctorem, (ovvero: licentiatum, o anche,: sacrae theologiæ et iuris canonici peritum) cuius doctrina, probitas, prudentia, ac rerum gerendarum experientia satis comprobatæ Nobis plane dignoscuntur, in Nostrum vicarium generalem, virtute præsentium, instituimus ad normam can 366 pro administratione ad universitatem negotiorum tam spiritualium quam temporalium, in toto nostro diœcesis territorio, (pro administratione ed universitatem negotiorum in tota diœcesi, præsertim in tali regioni.... se sono più vicari) ad beneplacitum Nostrum functurum, seclusis causis tamen iudicialibus ad nostrum Officialem spectantibus (oppure: non exclusis causis iudicialibus, nam te etiam Nostrum Officialem volumus ac nominamus ad norman can. 1573.) cum omnibus, potestate, facultatibus, privilegiis, honoribus ac præminentiis, quæ de iure, iuxta canones, competunt (Si potrebbe quì fare menzione, se ne è il caso, anche di altre facoltà specifiche che richiedono un mandato speciale a norma del codice, citandone i canone relativi) teque sic institutum declaramus. In nomine Patris et Filii et Spiritus Sancti.—Amen.

Datum N.... sub signo sigilloque Nostri ac cancellarii Nostri subscriptione, anno Domini millesimo monagesimo.... die vero....mensis....

N. N. Episcopus N.

Los † sigil.

De mandato Illmi ac RRmi Episcopi.
N. N. cancellarius—[43]

---

[43] D'Angelo, *La Curia diocesana.* Serie I, n. 4-5, pag. 18.

§ 2. *Quanti Vicari Generali si possono nominare.*

Can. 366 § 3. *Unus tantum constituatur, nisi vel rituum diversitas vel amplitudo diocesis aliud exigat; sed Vicario absente, vel impedito, Episcopus alium constituere potest, qui vices suppleat.*

—1—"Episcopus potest etiam binos Vicarios Generales æque principales seu in solidum constituere, maxime si diœcesis sit multum ampla, ut sic expeditioni causarum facilius consultarur, cum facilius expediantur causæ per plures quam unum.... Notantes tamen quod eos constituere debet in eodem loco ubi sedem habet... Ampliatur prædicta conclusio, ut possit Episcopus plures habere Vicarios Generales, si ita servetur de consuetudine... et a fortiori si habeat plures civitates seu diœceses unitas, nam tum debet in unaquaque tenere suum Vicarium Generalem.... Et præsertim si dictæ ecclesiæ seu diœceses unitæ se multum distent, quia si una ab altera notabiliter distet, debet Episcopus Vicarium Generalem in diocesi, in qua residet, deputare...." [44]

Così riassume il Ferraris la dottrina, quasi universale, in vigore prima del codice sul diritto del Vescovo a nominarsi più Vicari Generali. Questa dottrina fu basata principalmente sul titolo *De Officio Vicarii*, nel libro VI° delle Decretali e sulle molteplici risposte delle Congregazioni Romane. La sola consuetudine, dunque, dava il diritto al Vescovo di nominarsi più Vicari Generali e, sebbene non obbligato, egli poteva sempre procedere alla nomina di un secondo Vicario, qualora lo credesse opportuno, specialmente nel caso in cui avesse l'amministrazione di due diocesi unite.[45]

Oggi però il codice è divenuto più stretto su questo punto. Il Vescovo può nominare un solo Vicario Generale. È l'unità del regime che favorisce questa disposizione. Due soli sono i casi proposti dal codice in cui la pluralità dei Vicari e permessa, quando, cioè, la diversità del rito o la grandezza

---

[44] Ferraris, *op. cit.*, Art. I, n. 8-9-10-11.

[45] Leurenio, *op. cit.*, Quest. XXX-XXXI-XXXII.; Bouix, *op. cit.*, pag. 410-401.

della diocesi ciò richiedano. Per diversità di rito, ritiene il Toso, quì si deve intendere solamente il rito latino ed orientale, poichè gli altri non differiscono tra loro tanto da rendere necessaria la nomina di un Vicario Generale distinto; per grandezza di diocesi, parimenti, si deve intendere grandezza in territorio, non già moltitudine di affari.[46] Augustine, al contrario, insegna che anche il numero di parrocchie e di fedeli esistenti in una diocesi di piccolo territorio sia compreso nel termine *amplitudo* e conclude che, conseguentemente, il maggior numero degli Arcivescovi degli Stati Uniti, possono, con pieno diritto, avere più Vicari Generali i quali, "*per concomitantiam*" possono dividere il loro lavoro secondo le diverse denominazioni di lingua.[47] Blat, parimenti, è dell'opinione che la diversità di lingua, per quanto non sia espressamente menzionata nel codice, dovrebbe essere una ragione sufficiente per procedere alla nomina di un secondo Vicario Generale. Circa la diversità dei riti, egli dice, si è conservato il diritto antico stabilito da Innocenzo III il quale ordinò che nelle chiese dove ci fosse un numero di fedeli di diversa lingua e rito, si istituissero, per loro, parrocchie per la celebrazione dei divini ministeri, e, se fosse necessario, anche un Vicario Generale che rimanesse in tutto soggetto ed obbediente al Vescovo. "Derogatum ergo est, conclude l'autore, huic capiti Decretalium, quoad parœcias diversarum linguarum futuras, per can 216 § 4, quoad vicarios generales ab eamden causam in præsenti § 3.[48] All'opinione del Blat accede anche Chelodi.[49]

Tra l'opinione del Toso e quella dell'Augustine, noi crediamo che la prima sia più probabile. Lo spirito della disposizione canonica, infatti, sembra che, con l'istituzione di un concistoro vescovile fuori del capoluogo della diocesi, voglia favorire e facilitare le difficoltà di ricorso causate dalla grande distanza dei sacerdoti e fedeli dalla città vescovile, non già la transazione di molti affari che possono

---

[46] Toso, *Jus Pontificium*, VII, (1927), pag. 139.
[47] Augustine, *op. cit*,. pag. 397.
[48] Blat, *Commentarium textus Iuris Canonici, II*, n. 400.
[49] Chelodi, *op. cit.*, n. 200, nota 3.

essere sbrigati da un maggior numero di officiali curiali senza che sia necessaria la nomina di un secondo Vicario Generale.[50] Diremo nulladimeno con Augustine che molti Arcivescovi e Vescovi degli Stati Uniti, possono, con diritto, nominarsi più Vicari Generali, non perchè le Arcidiocesi e diocesi siano piccole in territorio e ricolme di parrocchie e fedeli, ma perchè gran parte delle arcidiocesi e diocesi di America hanno un territorio estesissimo che non solo permette, ma rende, alle volte, necessaria la canonica elezione di più Vicari Generali con residenza in parti distinte della diocesi.

Poco probabile ci pare l'opinione del Blat e Chelodi attesa la determinata tendenza del Legislatore di unificare il regime della diocesi col prescrivere l'elezione di un solo Vicario Generale. Le due eccezioni concesse, noi crediamo, sono proposte in modo tassativo e perciò non se ne devono ammettere altre.

Che cosa si deve dire nel caso in cui si abbia la consuetudine centenaria ed immemorabile, che non può facilmente essere soppressa, di eleggere più Vicari Generali come vige in alcune diocesi di Europa e specialmente in Francia? Questo caso può considerarsi certamente come una terza eccezione da aggiungersi alle due riferite poco sopra, non però per la elasticità della terminologia del paragrafo di questo canone, ma in ragione del canone 5, in forza del quale una consuetudine centenaria ed immemorabile non espressamente riprovata nel codice, si può tollerare se l'Ordinario crede che, per le circostanze delle persone e dei luoghi, non è prudente di sopprimerla.[51] È chiaro che se un Vescovo ha l'amministrazione di due diocesi *principaliter unitae*, specialmente se distano molto l'una dall'altra, ha il diritto di nominare anche un Vicario Generale per la diocesi in cui egli non risiede.[52] Sarà questo

---

[50] Toso, *Jus Pontificium, VII, (1927)* pag. 139.

[51] Tosi, *Jus Pontificium*, VII, (1927) pag. 139; Blat *op. cit.* II, pag. 395.

[52] Wernz-Vidal, *op. cit.*, II, n. 636.; Coronata, *op. cit.*, pag. 482.

un semplice diritto oppure un dovere del Vescovo? Nel diritto antico secondo il Bouix, Monacelli, Santi ed altri, il Vescovo era obbligato ad eleggere un secondo Vicario Generale se la distanza tra l'una e l'altra diocesi fosse molto grande.[53] Anche noi oggi, tenendo in considerazione quanto è stato detto nel primo articolo di questo capitolo sull'obbligo o meno da parte del Vescovo di eleggersi il Vicario Generale, non sapremo come scusarlo da tale obbligo, se la costituzione di un solo Vicario non fosse sufficiente al buon governo delle due diocesi a lui affidate.

Se, per le ragioni espresse nel codice, la nomina di più Vicari Generali è permessa, il Vescovo deve istituirli con giurisdizione *in solidum*, cioè a dire, tutti Vicari Generali nel vero senso della parola, con giurisdizione generale e moralmente universale, sia per quanto riguarda la materia, che il territorio e la potestà, di modo che ognuno possa validamente agire senza il concorso degli altri. In altre parole, con la costituzione di più Vicari Generali, non si deve dare luogo alla istituzione di un, diciamo così, Vicariato Generale o potestà collegiale dove gli affari della diocesi vengono transatti mediante il maggior numero dei voti, e neppure deve essa dar luogo alla istituzione di Vicari Generali con competenze diverse in materia giurisdizionale, ovvero con diversi distinti e separati territorii in modo che l'uno non abbia nulla a che fare con l'altro. Questa fu la dottrina degli antichi [54] che si trova più determinata nello schema del Concilio Vaticano,[55] e che è generale oggi tra gli autori.[56] Ciò però non impedisce che, per il celere e più coordinato disbrigo degli affari, ogni Vicario, pur potendo validamente agire dovunque nella diocesi, e su qualsiasi materia che il codice pone sotto la sua giurisdizione, abbia, *de facto*, l'am-

---

53 Bouix, *op. cit.*, pag. 411.; Santi, *op. cit.*, II, pag. 214.; Augustine, *op. cit.*, pag. 397.

54 Leurenio, *op. cit.*, quest. XCIII,; Bouix, *op. cit.*, pag. 380.; Santi, *op. cit.*, I-II, pag. 215.

55 Wernz-Vidal, *op. cit.*, II, n. 636.

56 Wernz-Vidal, *op. cit.*, *loc. cit.;* De Meester, *op. cit.*, II, n. 727.; Cappello, *op. cit.*, I, n. 344.; D'Angelo, *op. cit.;* serie I, n. 3, pag. 12.

ministrazione di un determinato territorio, ovvero di un particolare negozio solamente. D'Angelo, riferendosi a questo principio, fa notare come in alcune diocesi ci sia l'uso, non riprovato dal codice, di nominare, oltre al Vicario Generale della diocesi, un Vicario per le Monache dell'intera diocesi il quale fa parte della Curia diocesana.[57] Noi osserviamo però che un Vicario tale, se la necessità ne giustifica la nomina, potrà considerarsi Vicario Generale solamente se il Vescovo, nel nominarlo, gli conferisce la giurisdizione *in solitum* con l'altro Vicario della diocesi e poi, per comune accordo, egli prende solo l'amministrazione generale di tutto ciò che riguarda le Monache e Suore della diocesi. Che se, al contrario, la sua sfera di azione fosse limitata alle sole Monache ed ogni altro suo atto di giurisdizione al di fuori di questo, fosse proibito sotto pena di nullità, allora egli non sarebbe più un Vicario Generale, ma un semplice Delegato del Vescovo per le Monache. La nomina di un Vicario Generale per le Monache può rendersi più che giustificabile ed, alle volte, veramente conveniente in alcune diocesi degli Stati Uniti dove, generalmente, si hanno moltissime comunità di religiose delle più varie denominazoni, perciò crediamo bene di trascrivere quì la Formula che l'Arcivescovo o Vescovo può usare nella nomina, tale quale la troviamo nuovamente suggerita da Monsignor D'Angelo.

N. Episcopus N. Dilecto etc.

Virginibus de sacris, quorum iugi cura sollicitudo pastoralis Nos urget, salubriter providere cupientes, ne Nobis aliis totius diœcesis curis intentis, illarum gubernium detrimentum aliquod patiatur, et gravi sub onere Nos fatiscamus. Te, de cuius probitate, idoneitate et fidelitate valde in Domino confidimus, Vicarium et Officialem nostrum pro monialibus tam civitatis quam diœcesis facimus, deputamus et constituimus beneplacitum, dantes tibi facultatem concedendi tam maribus quam feminis licentias moniales etiam regularibus subiectas alloquendi (servata forma Nostrorum Edictorum et Decreto-

57 D'Angelo, *op. cit.*, *loc. cit.*, nota, (1).

rum Apostolicorum respectu ad Regulares in primo et secundo gradu conjunctos) ; educandas, servatis conditionibus in licentiis a Sac. Cougregatione obtinendis præscriptis, in monasteriis, in quibus recipi et admitti solent, recipiendi; missas in earumdem monialium ecclesiis sacerdotibus sælularibus et regularibus celebrari faciendi; ad habitum religionis puellas et novitias ad professionem votorum simplicium, ac inde ad norman can 574 ad professionem votorum solemnium, præmissa voluntatis exploratione per Nos vel delegatum facienda, admittendi; electioni abbatissarum etiam monasteriorum regularibus subjectorum, nomine Nostro, præsidendi; minuta subventionum retinendi, et expendendi, et alia gerendi et faciendi quæ ad tuendam servandamque clausuram, etiamsi nomiales regularibus subjectæ, aut aliter exemptæ sint, et dummodo judicialiter agendum non sit, noscuntur pertinere. Licentias autem ingressus in clausuram, visitationem et confessariorum adprobationem Nobis reservamus.

Mandamus propterea abbatissis, vicariis et monialibus monasteriorum Nostræ jurisdictioni subjectorum et etiam exemptorum, aliisque ad quas pertinet, ut te in talem recipiant et agnoscant et in præmissis plenarie tibi abtemperent. Si quis autem inobœdiens fuerit, condigna pœna plectetur.

Datum etc........

N. Episcopus................[58]

—2—*Sed Vicvario absente vel impedito, Episcopus alium constituere potest qui eius vices suppleat.* Questa seconda parte del paragrafo terzo, si riferisce ai Vescovi ai quali non è permessa la nomina di due Vicari Generali. In caso, dunque, che il Vescovo non possa legittimare la nomina di due Vicari, egli può eleggere un Sostituto con le stesse facoltà del Vicario Generale, perchè ne faccia le veci durante la sua assenza o durante il periodo in cui egli fosse impedito. Questo sostituto, una volta costituito, a meno che il Vescovo nell'instituirlo non abbia espressamente voluto costituirlo un semplice delegato per i soli casi di assenza o di impedimento del

[58] D'Angelo. *op. cit.*, Serie I, n. 4-5., pag. 19.

Vicario Generale, ha facoltà di agire validamente non solo quando quest'ultimo fosse assente o impedito, ma sempre perchè le parole del canone determinano le ragioni per cui egli può essere nominato, non già il modo ed il tempo in cui può esercitare la sua giurisdizione. Egli si chiamerà Vice Gerente o Pro-Vicario Generale ed a norma del canone 198 § 1 viene sotto il nome di Ordinario.[59]

ARTICOLO III.

QUALITA'.

Canone 367 § 1. Vicarius Generalis sit Sacerdos e clero seculari, annos natus non minus triginta, in theologia et iure canonico doctor aut licentiatus, vel saltem earum disciplinarum vere peritus, sana doctrina, probitate, prudentia ac rerum gerendarum experienzia commendatus.

§ 2. Si diocesesis alicui religioni commissa fuerit, Vicarius Generalis potest esse eiusdem religionis.

§ 3. Vicarii Generalis munus ne committatur canonico poenitentiario, aut Episcopi consanguineis praesertim in primo gradu vel in secundo mixto cum primo, aut exclusa necessitate, parocho ceterisque curam animarum habentibus; sed non prohibetur Episcopus Vicarium ex ipsa diocesi assumere.

Data la natura e la somma importanza dell'officio del Vicario Generale nell'organizzazione e disciplina ecclesiastica, è più che naturale che il codice stabilisca delle qualità e dei requisiti necessarii che debbano guidare il Vescovo nella scelta del suo Vicario. Persuaso, quindi, che egli sia della necessità, non proceda alla nomina se prima non abbia riscontrato nel candidato i requisiti che in modo molto determinato il codice enumera in questo canone. E se, in considerazione del cano-

---

59 Cappello, *op. cit.*, I, n. 395.

ne 11, "Irritantes aut inhabilitantes eae tantum leges habendae sunt, quibus aut actum esse nullum aut inhabilem esse persoman expresse vel equivalenter statuitu," non si può dire che essi siano necessari alla validità della nomina,[60] pure, è nostro parere che, per il modo preciso con cui il legislatore li enumera e per la somma delicatezza dell'officio che richiede qualità non comuni, il Vescovo non può esimersi dall'obbligo grave di osservarli.[61] Il primo paragrafo di questo canone enumera le doti positive ed il terzo le negative; noi tratteremo di esse separatamente in due distinti paragrafi.

§ 1. *Qualità positive.*

Vicarius sit sacerdos e clero sæculari etc. Il codice quì ha mutato in più di qualche punto l'antica dottrina. Secondo le decisioni delle varie Congregazioni e l'insegnamento comune dei canonisti antecedenti al codice, ogni chierico, purchè non sposato, poteva essere assunto all'officio di Vicario Generale, e persino un membro dei laicato, per concessione del Papa era eleggibile. "Potest nihilominus pure laicus de licentia et concessione Papae esse Vicarius Generalis Episcopi in spiritualibus. Potest enim Papa laico demandare causas clericorum etiam criminales." [62] L'unica eccezione si faceva per la Spagna dove, in forza della Costituzione *Decet Romanum* di Clemente VIII, il candidato al Vicariato Generale doveva essere Sacerdote.[63]

La nomina di un religioso a Vicario Generale era assolutamente proibita per i *Fratres Ordinis Minorum;* per gli altri, quantunque la pratica delle Congregazioni fosse di non incoraggiare la nomina di religiosi ad offici che li distraessero dalla vita comune, pure, dalle molte concessioni spesso fatte

---

60 Toso, *Jus Pontificium,* VII, (1927) pag. 140.

61 D'Angelo ritiene che i requisiti enumerati dal codice siano alla validità della nomina. Cfr. l'autore, *op. cit.*, Serie I, n. 3, pag. 13.

62 Leurenio, *op. cit.*, quest. 37-38-40.; Ferraris, *op. cit.*, *loc. cit.*, Articolo I, n. 18-19-20.

63 Ferraris, *op. cit.*, *loc. cit.*, Art. I, n. 26.; Bouix, *op. cit.*, pag. 388.

dalle medesime e dal fatto che nel diritto comune una tale pratica non era mai condannata, i Dottori insegnarono che il permesso della Santa Sede e del Superiore era sufficiente per il Vescovo per procedere alla nomina.[64] In quanto all'età canonica del candidato, fu sentenza comune, almeno fino al tempo del Concilio Vaticano, che fosse sufficiente il 24° anno di età completo, perchè era l'età che il diritto comune richiedeva per coloro che dovevano prendere la cura delle anime.[65] Piuttosto stretta era l'antica disciplina circa la laurea o licenza in teologia o diritto canonico, tanto che non mancarono dei Dottori i quali la ritennero necessaria alla validità della nomina.[66] Il Ferraris riporta molte decisioni della Congregazione dei Vescovi e Regolari dalle quali appare evidente che la Congregazione insisteva molto su questo punto.[67] Pare però che, per quanto ci si fosse insistito tanto, essa non era richiesta per la validità perchè non si ebbe mai una legge universale in riguardo. Il Concilio di Trento, è vero, nella sessione XXIV, cap. 16, impone la laurea *saltem in canonico iure*, però colà si parla del Vicario Capitolare e non del Vicario Generale. Nè si può dire che costituiscano legge generale i decreti delle Congregazioni dati in casi particolari per ricorsi fatti contro l'imperizia di alcuni Vicari Generali.[69]

Oggi il Vicario Generale deve essere Sacerdote e del clero secolare. Per l'unica possibilità della nomina di un religioso a quest'officio si provvede nel paragrafo secondo di questo canone di cui vedremo più tardi. Il Candidato deve avere compiuto almeno 29 anni, *annos natus non minus quam triginta,*[70] e deve essere dottore o licenziato o almeno molto perito in teologia o diritto canonico. Il codice dice "in theologia et iure canonico doctor" però, se questo passo si paragona

---

64 Bouix, *op. cit., loc. cit.*; Ferraris, *op. cit., loc. cit.*, Art. I, n. 21-22-24. Leurenio, *op. cit.*, quest 50-51.

65 Bouix, *op. cit.*, pag. 389. Ferraris, *op. cit., loc. cit.*, Art. I, n. 37.; Santi, *op. cit.*, vol. I-II, pag. 216.

66 Cfr. Leurenio, *op. cit.*, quest. XLIX.

67 Ferraris, *op. cit., loc. cit.*, art. I, n. 38.

69 Bouix, *op. cit.*, pag. 390-391.

70 Gennari, *questioni canoniche*, n. 304.

con i canoni 331 § 1, 5° e 434 § 2, dove si dice rispettivamente del Vescovo e del Vicario Capitolare che debbono avere la laurea o licenza *in thelogia* aut *iure canonico*, dovremo concludere che la particella congiuntiva *et*, del canone 367 § 1, sta per disgiuntiva *vel* o *aut*. Sarebbe infatti curioso se si pretendesse più per l'officio del Vicario Generale che per quello del Vescovo.[71] Su questo punto la disciplina odierna non è così rigida come l'antica, però, come avverte D'Angelo, "Dato il tenore della legge, giova insistere su tale punto, non rare volte di capitale importanza pel retto andamento della diocesi; la scelta cada sur un Sacerdote tale che veramente possa imporsi sul clero diocesano per bontà, zelo e pietà, non solo, ma anche per dottrina; massimamente nella conoscenza del diritto."[72] Il Vicario Generale, inoltre, deve possedere le qualità morali che si addicono ad un officio tanto importante, oltre quindi ad una sana dottrina, egli deve possedere una non comune esperienza basata su prudenza, calma e probità, tanto necessaria nella transazione dei moltissimi affari che lo mettono in così stretta relazione col Vescovo ed i Sacerdoti della diocesi. In altre parole, egli deve possedere più o meno le stesse qualità che si richiedono per la nomina di un Vescovo, (can. 335) con l'unica differenza che per il Vescovo si richiede che sia di legittimi natali e non legittimato, (can. 331 § 1, 1°) e che sia stato ordinato Sacerdote almeno da cinque anni, mentre per il Vicario Generale è sufficiente che sia stato legittimato "*per subsequens matrimonium*" o per dispensa pontificia ottenuta per la ricezione degli ordini sacri, (can. 991 § 3)[73] e non si richiede che sia stato ordinato da cinque anni.[74]

§ 2. *Doti negative.*

Can. 367 § 3. *Vicarii Generalis munus ne committatur Canonico poenitario etc.....* Nella prima parte di questo libro

---

[71] Cappello, *op. cit.*, I, n. 395, nota (2).

[72] D'Angelo, *op. cit.*, Serie I, n. 3., pag. 13.

[73] De Meester, *op. cit.*, II, n. 727. Vermeersch Cruesen, *op. cit.*, n. 435, nota.

[74] Cfr. *Jus Pontificium*, 1927, pag. 141.

avemmo occasione di notare brevemente quanto la S. Congregazione dei Vescovi e Regolari insistesse perchè i Vescovi non nominassero a Vicario Generale il Canonico Penitenziere della Cattedrale, per l'incopatibilità dei due offici. Lo stesso divieto fu fatto dalla medesima Congregazione per i consanguinei del Vescovo [75] e per coloro che avevano cura di anime.[76] Gli autori, però, non convennero sulla natura di queste decisioni perchè, eccetto il caso del Canonico Penitenziere in cui tutti ritennero non convenire, non mancarono disparità di opinioni circa gli altri. Così il Bouix se la prende col Ferraris il quale mantiene che i consanguinei del Vescovo non potevano essere assunti all'officio di Vicario Generale a meno che la S. Congregazione non lo avesse permesso per breve tempo e solamente nel caso in cui fossero mancate persone idonee. Il Bouix fonda i suoi argomenti sul fatto che non si ebbero mai concili generali o decreti papali che lo avessero proibito, e che le decisioni delle Congregazioni, anche se tutte fossero state autentiche, non avrebbero costituito legge generale e conclude: Cum ergo certo illud licitum sit, quod nulla lege satis notum sit prohibitum, donec mihi clare innotescat aliqua in contrarium Pontifiæ auctoritatis ordinatio, vim legis universalis habens illicitum Vicarium Generalem non audebo, nepotem aliumve consanguineum Episcopi, modo aliis qualitatibus a iure requisit non careat".[77] Simile controversia si ebbe riguardo ai parroci ed a coloro che avevano cura di anime. Mentre infatti il Ferraris insegna che la proibizione per coloro con cura di anime si riferisce sopratutto ai parroci rurali, non già a quelli della stessa città vescovile,[78] il Gennari, al contrario, ritiene che, attese le decisioni della S. Congregazione e la dottrina vigente, per la lecita deputazione di qualsiasi parroco a Vicario Generale, il Vescovo deve aver ottenuto un indulto apostolico.[79]

---

[75] Ferraris, *op. cit.*, Artic. I, n. 29 dove ci trovano un gran numero di decioni in proposito.

[76] Bizzari, *Collectanea*, pag. 209 e 214.

[77] Bouix, *op. cit.*, pag. 395-396.

[78] Ferraris, *op. cit.*, parola *Parrochus*, *Art. II*, n. DF.

[79] Gennari, *op. cit.*, pag. 199.

Ora, con la terminologia chiara del codice non si dà più luogo a diversità di opinioni. L'officio del Vicario Generale non deve conferirsi al Canonico Penitenziere nè ai consanguinei del Vescovo, specialmente a quelli di primo grado e del secondo misto col primo, cioè a dire, ad un suo fratello ovvero ad uno zio o nipote. In quanto ai parroci ed altri che hanno cura di anime, la nomina è permessa soli in caso di necessità. Il codice non parla di grave necessità, ma dice semplicemente "*exclusa necessitate*"; sarà qualsiasi necessità sufficiente a legittimare la nomina? Noi crediamo che la necessità debba essere grave ed urgente. È la natura stessa della cosa che richiede ciò. È noto infatti, come il legislatore insista perchè non si dia luogo al sospetto che l'amministratore della giurisdizione esterna si serva della conoscenza ottenuta del foro interno, (Cfr. Can. 399 §3 - 518 § 3 - 524 § 1 e 1361 § 3) è chiaro quindi che sarà solo in caso di necessità grave ed urgente in cui egli intenda permettere che i parroci e coloro che hanno cura di anime esercitino la giurisdizione esterna su quelle stesse persone su cui già esercitano la giurisdizione interna.

È supefluo dire che sono esclusi da quest'officio tutti coloro che sono legati da qualche censura,[80] E, senza uno speciale indulto della santa sede, i religiosi professi secolarizzati.[81] Contrariamente alla dottrina controversa prima del codice, niente più impedisce perchè il Vescovo nomini Vicario Generale un sacerdote della diocesi o nativo della stessa città vescovile. Da molte risposte e decisioni particolari della S. Congregazione dei Vescovi e Regolari, con le quali si dichiara che i Decreti generali della medesima non avevano mai permesso che un Vescovo avesse nominato Vicario Generale un Sacerdote diocesano "per le fazioni, parentele ed altri rispetti che possono ritenerli dall'amministrare rettamente la giustizia" [82] il Ferraris,[83] il Leurenio,[84] il Bouix,[85] ed altri,

---

[80] De Meester, *op. cit.*, II, n. 727.

[81] Can. 642 § 1. 3°.

[82] Bizzari, *Cillectanea*, pag. 250; vedi anche pag. 256, 345.

[83] *Bibliotheca*, Vicarius Generalis. Art. I, n. 34.

[84] *Forum beneficiale*, quest. XLVII.

[85] *Tractatus de Iudiciis Eccles.* pag. 396 e secq.

ritennero che queste disposizioni erano generali e dovevano applicasi perciò a tutti i casi. Questa dottrina, però, ebbe degli oppositori in altri Dottori, tra i quali pincipalmente il Santi,[86] ed il Wernz,[87] i quali insegnarono che le risposte particolari della Congregazione non costituivano legge universale ed assoluta, che nel diritto comune non si trovava nessuna proibizione di questo genere, che, anzi, era consuetudine piuttosto comune che i Vescovi nominassero Vicari Generali della stessa diocesi e, finanche dello stesso capitolo della Cattedrale e che, perciò, per quanto fosse opportuno che si nominasse uno straniero, la nomina di un Sacerdote diocesano non era proibita, nè poteva essere ripresa. Il Codice ha deciso in favore di quest'ultima opinione, però non ha distrutto interamente l'altra, "*sed non prohibetur Episcopus Vicarium ex ipsa dioecesi assumere.*" Si noti che il codice non dice che il Vescovo debba nominare un diocesano, ma semplicemente che non ne è proibito (*non prohibetur*) se ciò debba o voglia fare, quindi, mentre vuole render chiaro che la nomina di un diocesano non è per nessuna ragione illecita, sembra che voglia, allo stesso tempo, suggerire che la scelta di un forestiero non sarebbe ne sconsigliabile, nè contro la mente del Legislatore. Oggi, peraltro, è consuetudine comune che ogni Vescovo nomini un diocesano e, con la dichiarazione esplicita del codice, non si ha più motivo a controversia.[88]

Nè si esclude positivamente dall'officio di Vicario Generale il Rettore del Seminario,[89] o il Vescovo Ausiliare.[90] È parimenti elegibile ogni deputato della commissione per la disciplina e per l'amministrazione dei beni temporali del Seminario, però, è chiaro, che, dopo la nomina, deve rinunziare al primo officio perchè incompatibile con quest'ultimo. (cfr. can. 1359 § 2).

---

86 *Praelectiones*, Lib. I, tit. XXVII n. 29.

87 *Jus Canonicum*, II, n. 804.

88 Prima del codice, il Vicario Generale diocesano si chiamava Pro-Vicario, per distinguerlo dal Vicario Generale forestiero, però oggi non si fa più questa distinzione di nomi.

89 Cappello, *op. cit.*, I, n. 395.

90 Vermersch, *op. cit.*, I, n. 434.

Che cosa del Consultore Diocesano? Può egli, se nominato Vicario Generale, ritenere il suo officio di Consultore? Questa questione è stata spesso agitata negli Stati Uniti di America dove, con l'esistenza dei concultori diocesani in sostituzione dei Canonici della Cattedrale, il caso può occorrere con frequenza. Il dubbio sulla liceità o meno della cumulazione di questi due offici apparse nella seconda metà del secolo XIX. In un numero, infatti, dell'*American Ecclesiastical Review* del 1894, si trova il dubbio "Se quando un Consultore Diocesano viene nominato Vicario Generale possa o no rimanere nell'officio di Consultore." Uno schiarimento su questa materia era sollecitato, principalmente per il fatto che nel "*Catholic Directory*" si riportava che in molte diocesi degli Stati Uniti il Vicario Generale era anche Consultore Diocesano. La risposta a questo dubbio fu che, negli Stati Uniti, il Vicario Generale era *ipso facto* un membro della commissione dei Consultori diocesani e che quindi egli non era elegibile a quest'officio dal clero, ma lo assumeva *ex officio.*[91] Più tardi però, nello stesso periodico, si espresse l'opinione che, per quanto non fosse assolutamente proibito, non conveniva che questi due offici si cumulassero nella stessa persona del Vicario Generale. Come argomento si riportava una lettera del Cardinal Simoni al Vescovo di Albany, N. Y. il quale aveva mandato lo stesso dubbio alla Congregazione di Propaganda Fide. Il Cardinal Prefetto, dopo aver esposto le ragioni per cui ciò non conveniva, principalmente perchè i due offici sono essenzialmente distinti, rispose: *Negative, vel saltem non expedire.*[92] Più recentemente, nel 1914, la stessa questione fu presentata alla Congregazione Concistoriale la quale, il 27 febbraio 1914 fece la seguente dichiarazione:

"Quæstio quæ in diœcesibus Statuum Federatorum Americæ Septentrionalis sæpius agitata est utrum Vicarii Generales esse possint Consultores Diœcesani ab Emis huius S.C. Patribus denuo ad examen revocata est.

---

[91] Cfr. *American Ecclesiastical Review*, X, (1894) pa. 452.

[92] Cfr. *American Eccl. Review*, XX, (1899) pag. 636.

Porro, considerantes quod in istis diœcesibus Consultores Diœcesani eorumque collegium stant loco canonicorum et cathedralis capituli, et quod in iure non obstat quominus Vicarius Generalis inter cathedralis ecclesiæ canonicos accenseatur, concluserunt prohibi non pose, generatim saltem loquendo, quominus Vicarii Generales istorum diœcesum sint de numero Consultorum. Est tamen casus in quo neque equum, neque opportunum est ut id obtineat, quoties scilicet Consultores iuxta usum vel alia causa paucissimi sint; eo enim in casu alius Sacerdos non de gremio Consultorum est assumendus in Vicarium vel numerus Consultorum congrue augendus." [93] Con la pubblicazione del codice, la questione rimane quale era perchè in esso non si hanno disposizioni in riguardo. Con l'ultima dichiarazione della Concistoriale, peraltro, unita a quella molto più anteriore data dalla Congregazione di Propaganda, possiamo dire che, per quanto non sia strettamente proibito, non è nè *equo*, nè *opportuno* che il Vicario Generale negli Stati Uniti sia, allo stesso tempo, Consultore diocesano, specialmente nel caso in cui i Consultori siano pochissimi. Per pochissimi quì si intende almeno quattro, perchè questo è il numero minimo che si può avere; di regola essi dovrebbero essere almeno sei.[94] Quello che si è detto del Consultore, vale anche per l'Esaminatore Diocesano. La S. Congregazione Concistoriale, infatti, il tre ottobre 1910, al dubbio "Utrum Ordinarius inter examinatores accensere possit Vicarium Generalem" rispose: Non expedire.[95]

Ricevuta la nomina, il Vicario Generale non prende possesso, perchè il Vicariato è, come abbiamo detto, un officio e non un beneficio, però a norma del canone 1406 § 1, 7°, deve emettere la professione di fede prima di poter esercitare il suo officio.[96]

---

[93] A. A. S. VI, (1914) pag. 111.

[94] Augustine, *op. cit.*, II. pag. 466.

[95] Cfr. D'Angelo, *op. cit.*, *Serie* I, n. 3, pag. 38.

[96] Questa professione di fede, il Vicario Generale è tenuto a ripeterla se, cessato il suo officio, con la morte del Vicario od altri motivi, viene confermato dal Successore. Cfr. *Periodica*, XI, (1923) pag. (109).

In conformità ad una risposta della Congregazione del S. Offico del 22 Marzo 1918, essendo egli un officiale della Curia Vescovile, prima di prendere l'officio sarà tenuto anche, fino a che la S. Sede non disporrà diversamente, ad emettere e firmare, alla presenza dell'Ordinario del luogo, la formula del giuramento contro il Modernismo prescritto da Pio X.[97]

§ 3. *Il Vicario Generale Religioso*

Can. 367 § 2. *Si dioecesis...* L'unico caso in cui, dopo il codice, è permessa la nomina di un Religioso a Vicario Generale, è quando l'amministrazione della diocesi è affidata ad un Ordine Religioso. Ciò si verifica:

1) Quando la diocesi è affidata all'Ordine Religioso in modo tale che l'amministrazione di essa non viene data che ai soli membri di quell'ordine religioso, il che avviene spesso nei luoghi di Missione, quando un Vicariato Apostolico, affidato alla cura di un Ordine Religioso, viene elevato a diocesi.[98]

2) In tutti i casi di Abazie *nullius*, tali quali, Montecassino, Subiaco, Monte Oliveto Maggiore, Acquaviva delle Fonti ed altre in Italia,[99] Belmont Abbey, Belmont N. C. negli Stati Uniti, St. Peter's Abbay, Mounster Laskatchewan nel Canadà,[100] ed altre altrove.

Il codice dice che la diocesi deve essere stata affidata a Religiosi, quindi non si intenda che qualsiasi religioso, purchè eletto Vescovo di una diocesi, possa nominare Vicario Generale un altro religioso.[101] Augustine, parlando dell'esclusione dei Religiosi, eccetto nel caso proprio ora discusso, all'officio di Vicario Generale, è convinto che il canone 367 § 1, col richiedere un Sacerdote del clero secolare, esclude certamente i Religiosi con voti solenni, però quando egli passa a parlare dei Religiosi di voti semplici, dice, che per la loro nomina, il solo permesso

97 Toso, *Jus Pontificium*, VII, (1927) pag. 141.
98 Vermesch-Cruesen, *Epitone*, II, n. 740.
99 Annuario Pontificio, 1930, pag. 376-377.
100 Annuario Pontificio, 1930, pag. 380.
101 Wernz-Vidal, *op. cit.*, II, n. 638.

del Superiore e non l'indulto papale, è necessario per la liceità.[102] Noi non sappiamo perchè l'illustre autore voglia fare questa distinzione. Sono essi membri del clero regolare, o secolare? Se sono Religiosi, checchè sia della natura dei loro voti, a norma del canone 626 § 1, non si può procedere alla loro promozione a dignità, offici, o benefici "*quæ cum statu religioso componi non possunt,*" senza l'autorità della Santa Sede, e l'officio di Vicario Generale ci pare che poco si possa comporre la vita comune religiosa anche se si tratta di comunità con i soli voti semplici. E poi, il canone 626 che fa tale proibizione non avrebbe usato *simpliciter* in termine "*Religiosus,*" se i Religiosi con voti semplici si fossero voluti escludere.

---

[102] Augustine, *op. cit.*, II, pag. 399.

CAPITOLO V.

GIURISDIZIONE DEL VICARIO GENERALE

Canone 368 § 1. Vicario Generali, vi officii, ea competit in universa diœcesi iurisdictio in spiritualibus et temporalibus, quæ ad Episcopum iure ordinario pertinet, exceptis iis quæ Episcopus sibi reservaverit, vel quæ ex iure requirant speciale Episcopi mandatum.

§ 2. Nisi aliud expresse cautum fuerit, Vicarius Generalis exequi potest rescripta apostolica quæ Episcopo, vel præcedenti rectori diœcesis remissa sint, ac generatim ad ipsum quoque pertinent facultates habituales Ordinario loci a Santa Sede concessæ ad norman canonis 66.

ARTICOLO I.

DELLA GIURISDIZIONE IN GENERE.

La giurisdizione ecclesiastica è "*Potestas publica regendi homines baptizatos in ordine ad finem supernaturalem, missione legitima determinatis hominibus a Christo vel eius Ecclesia concessa.*" [1] Essa perciò; si divide;

1) *Ratione fori*, in giurisdizione di foro interno, sia sacramentale che extra sacramentale, e di foro interno, a seconda che riguarda princialmente l'utilità privata spirituale dei singoli fedeli, ovvero l'utilità pubblica dei fedeli in comune.

2) *Ratione gradus, extensionis*, in universale e particolare, a seconda che si estende, senza limiti, a tutte le persone, luoghi e materie soggette a giurisdizione ecclesiastica, ovvero è

[1] Vermeersch, *Epitome*, I, n. 275.

ristretta a certe persone, o ad un definito luogo ovvero ad un determinato numero di casi solamente.

3) *Ratione modi*, in volontaria o contenziosa, a seconda che venga esercitata dalla libera volontà in forma graziosa, dispensativa, legislativa, esecutiva, amministrativa, economica e correttiva, oppure a norma delle leggi prescritte dal diritto ed in forma giudiziale.

4) *Ratione tituli;* in ordinaria e delegata.[2]

ARTICOLO II.

DELLA GIURISDIZIONE ORDINARIA E DELEGATA

"Potestas iurisdictionis ordinaria ea est quæ ipso iure annexa est officio; delegata, quæ commissa est personae." (Can. 917 § 1).

1—Giurisdizione Ordinaria. La giurisdizione ordinaria dunque, deve essere annessa ad un officio *stricte dicto, stabiliter constituto*, che abbia stabilità oggettiva perpetua, non necessariamente, però, stabilità soggettiva perpetua,[3] e deve essere annessa ad esso in modo tale da non potersi concepire esistente da per sè sola nè separata dalla persona che l'esercita, ma talmente inerente all'officio, "....ita ut persona obtinens officium cui antecedenter adnexta est potestas, obtinet consequenter et exercere valet potestatem ipsam."[4] Quest'officio, avente giurisdizione *a iure* e senza del quale non si ha nozione di giurisdizione ordinaria, purchè perpetuo, può essere di qualsiasi specie. Nè è necessario che sia esercitato a nome proprio; esso può essere esercitato a nome altrui e può essere anche conferito a modo di commissione purchè la giurisdizione competa al recipiente, non in forza della commissione, ma direttamente dall'officio stesso.[5]

---

[2] De Meester. *op. cit.*, I, n. 440 e seqq.; Vermeersch, *op. cit.*, I, 275 e seqq.

[3] De Meestrer, *op. cit.*, I, n. 444.; Kearney, *The Principles of delegation*, pag. 50 e seqq.; Wernz-Vidal *op. cit.*, II, n. 366.

[4] Maroto, *Institutiones iuris cananici*, Vil. I, n. 696.

[5] Maroto, *op. cit.*, I, n. 699.

La potestà ordinaria si divide, a sua volta, in potestà ordinaria propria ed in ordinaria vicaria. L'ordinaria propia è quella che compete al titolare dell'officio *principaliter* e che egli esercita *ex officio* ed a nome proprio; ordinaria vicaria, invece è quella che pur esercitandosi in virtù del proprio officio, non si esercita tuttavia a nome proprio, ma a nome altrui. Quest'ultima può essere esercitata in modo tale che la persona esercitante costituisca una stessa identità giuridica con la persona le cui veci egli esercita, come nel caso del Vicario Generale, Vicario Capitolare, Vicario Provinciale, e Vicari attuali perpetui, ovvero in modo tale che tra il Vicario e la persona di cui egli fa le veci ci sia distinzione giuridica di personalità, come nel caso dei Legati Apostolici, Amministratori Apostolici, Vicari e Prefetti Apostolici e Provicari Apostolici.[6]

2—Giurisdizione delegata. È delegata quella giurisdizione che si ha non per proprio diritto, cioè in forza di officio o dignità, ma per pura commissione da parte di altri che hanno giurisdizione ordinaria; essa perciò è commessa non ad un officio, ma a pesona. "*quae commissa est personae*" (Can. 197 § 1.)

ARTICOLO III.

NATURA DELLA GIURISDIZIONE DEL VICARIO GENERALE

Vicario Generali, vi officii..... can. 368 § 1.

Questo canone pone fine, finalmente, ad una lunga controversia che ha mantenuto gli studiosi del diritto canonico in due opinioni opposte dal secolo XIV alla pubblicazione del codice. L'oggetto della disputa fu la natura della giurisdizione del Vicario Generale e, delle due opinioni, l'una insisteva

---

[6] De Meester, *op. cit.*, I. 444.; Wernz-Vidal, *op. cit.*, II, n. 366.; Marotto, *op. cit.*, I, n. 697 e 702.; Vermeersch-Cruesen, *op. cit.*, I, 277.

che essa non potesa essere che delegata, mentre l'altra insegnava non potersi avere alcun dubbio che essa fosse ordinaria. La forza delle due sentenze opposte era principalmente basata sulla proposta di sei argomenti da parte degli uni e sulla refuta dei medesimi da parte degli altri e, data l'importanza storica di questa controversia nel diritto antico, crediamo di non poterci esimere dall'accennare ad essa brevemente.

§ 1. *Dottrina antica*

La giurisdizione del Vicario Generale non poteva essere ordinaria, ma delegata, dicevano i fautori della prima sentenza, per i seguenti motivi:

1) Se il Vescovo ha giurisdizione ordinaria, è assurdo che il Vicario abbia giurisdizione della stessa natura, perchè è impossibile che una stessa giurisdizione sia posseduta da due *in solidum* come è impossibile che una sola possessione o lo stesso dominio risieda in due persone.

2) Allora solo si potrebbe dire la giurisdizione del Vicario Generale ordinaria, quando essa gli venisse attribuita dalla legge, ma siccome in nessun luogo del diritto pontificio o civile si trova una legge che gliela attribuisca, si dovrà dire che essa non può essere che delegata.

3) La revocabilità stessa del suo officio è una novella prova; se la sua giurisdizione fosse ordinaria, essa sarebbe perpetua, e conseguentemente irrevocabile.

4) Il Vicario Generale, nel fare le veci del Vescovo, non ha nulla di proprio e, naturalmente, quando agisce, deve agire con giurisdizione puramente delegata.

5) Se la differenza tra la giurisdizione ordinaria e delegata è che l'ordinaria rimane anche dopo la morte del concedente, non si potrà dire che il Vicario Generale ha giurisdizione ordinaria, se la sua giurisdizione cessa immediatamente dopo la morte del Vescovo.

6) E, finalmente, il Vicario Generale viene costituito dal Vescovo, ma il Vescovo non può concedere giurisdizione

ordinaria, quindi la giurisdizione del Vicario Generale non può essere che delegata.

Presso il Barbosa, il quale riporta questi sei argomenti e se li propone come tesi per confutarli, si trova anche l'elenco dei seguaci di questa opinione.[7] Però, se per i propugnatori di questa sentenza, i citati argomenti, proposti a modo di sillogismo, avevano tanta forza di prova, per altri, ed in numero molto maggiore, essi furono oggetto fecondo di critica e fondamento per provare precisamente il contrario.

È il Barbosa che in modo più determinato si assume questo compito e parla a nome di tutti. Egli, infatti, dopo aver citato una lista interminabile di Dottori che ritenevano la giurisdizione del Vicario Generale essere ordinaria, prende a confutare i sei argomenti degli avversarii, uno dopo l'altro per provare il contrario.

1) È vero, egli dice, che due non possono possedere *in solidum* la stessa cosa, ma siccome non ripugna che una stessa cosa sia posseduta da due persone sotto diversi aspetti, "*veluti quia unus naturaliter, alter vero civiliter possidet, vel quando unus respectu domini, ut debitor, alius respectu iuris pignoris, ut creditor*".... così non ripugnerà che una stessa giurisdizione ordinaria sia *principaliter et naturaliter* presso il Vescovo e *secundario in exercitio ex commissione legis*, presso il Vicario Generale.

2) È vero anche che non si ha nessuna legge, nel diritto canonico, che dia la giurisdizione al Vicario Generale, però è vero anche che il diritto canonico permette al Vescovo di costituire il Vicario Generale, e questo permesso fa sì che il Vicario Generale, nominato dal Vescovo con autorità pontificia, venga considerato eletto dal Papa stesso con giurisdizione derivante indirettamente da lui, e perciò di natura sua ordinaria.

3) Come il Vicario Generale, per quanto è stato detto nel precedente numero, riceve la sua giurisdizione ordinaria per mezzo della nomina fatta dal Vescovo così, per volontà

---

[7] Barbosa, *De officio et potestate Episcopi*, Part. III, Allegato LIX, dal numero 30 al 36.

del medesimo, la può perdere, "....*quia res per quascumque causas nascitur, per easdem dissolvitur.*"

4) Dal fatto che il Vicario Generale fa le veci del Vescovo, non segue necessariamente che la sua giurisdizione debba essere delegata, poichè il Legato del Papa, pur facendo le sue veci, ha potestà ordinaria. Sarebbe delegata la sua giurisdizione se egli facesse le veci del Vescovo in diverso tribunale poichè egli, allora, sarebbe un semplice delegato, ma, facendo egli le veci del Vescovo nello stesso tribunale, deve necessariamente avere la stessa giurisdizione del Vescovo, cioè a dire, giurisdizione ordinaria.

5) La giurisdizione del Vicario non è giurisdizione propria, ma vicaria. Tale giurisdizione non si dà a Tizio o Caio, Vicario, ma a colui che il Vescovo sceglie come tale, quindi è chiaro che cessata la giurisdizione del Vescovo, deve cessare anche quella del suo Vicario.

6) È falso interamente che il Vicario Generale riceve la sua giurisdizione dal Vescovo. Egli, è vero, viene costituito dal Vescovo e solo mediante la nomina vescovile esercita la sua giurisdizione, "...protinus tamen quod ab Episcopo constituitur, lex illi iurisdictionem tribuit, ideo, non recte dictur ab ipso Episcopo iurisdictionem accipere, sed a iure potius, ministerio facto et nominatione Episcopi interveniente.... Ex quibus omnibus colligitur Generalem Vicarium ordinariam sibi a lege concessa, non delegata iurisdictione potiri.....[8]

Questi argomenti, per quanto non riuscissero a togliere la controversia, furono nulladimeno più comuni e divennero sempre più probabili e generali tra gli autori posteriori.[9] Santi, più recentemente, scanza la controversia col prendere una via di mezzo. Egli dice che la giurisdizione del Vicario Generale, non è nè ordinaria nè delegata, ma sui generis, partecipante dell'una e dell'altra. La potestà ordinaria, egli dice, è stata istituita dalla chiesa per essere annessa ad un beneficio o magistrato. Quan-

---

[8] Barbosa, *op. cit.*, *loc. cit.*, n. 38-44.

[9] Cfr. Leurenio, *op. cit.*, quest. LXIX,; Reiffenstuel, *op. cit.*, lib. I., tit. XXVIII., § IV, n. 90 e seqq.; Bouix, *op. cit.*, pag. 361 e seqq.

do il Vicario Generale non si distingueva dall'Arcidiacono, è certo che ebbe giurisdizione ordinaria perchè annessa al suo beneficio, però, con la soppressione dell'Arcidiacono, egli venne ad acquistare una giurisdizione ordinaria datagli a similitudine di quella dell'Arcidiacono, però, non congiunta a beneficio alcuno, nè ad alcun titolo perpetuo, sibbene alla volontà del Vescovo e quindi partecipante anche della giurisdizione delegata, "....quæ, nempe procedit ex commissione alterius et fundatur in titulo alienæ potestatis."[10] Un'opinione simile ebbero Scherer ed Hinscius.[11] Wernz, peraltro, più tardi, scrivendo su questo soggetto ritorna alla dottrina più comune e dice: "....Vicarius Generalis, vi nominationis suæ independeter ab Episcopo habet iurisdictionem certo modo determinatam, quam Episcopus pro suo arbitrio, mutare nequit. Inde quoque illud deducitur quod potestas Vicario Generali propria, aptius *ordinaria* quam delegata dicatur.... etenim iurisdictio Vicarii Generalis acquiritur vi officii iure proprio execendi, non ab homine, sed ex iuris dispositione.... facile quoque patet argumenta, quæ contra *ordinariam* potestatem Vicarii Generalis antiquitus et nostra ætate allata sunt, non tantum habere valorem iuridicum et in non paucis ad disputationem de verbis reduci..."[12]

È con grande soddisfazione dunque che vediamo questa interminabile controversia passare anch'essa alla storia, con le nuove disposizioni del codice.

§ 2. *Dottrina odierna.*

Già nel canone 366 § 1 si parla esplicitamente del Vicario Generale, "*qui cum potestate ordinaria,*" aiuta il Vescovo nel suo territorio, e nel canone presente si conferma lo stesso principio. Il Vicario Generale, *vi officii*, ha, nell'intera diocesi, la stessa giurisdizione del Vescovo, sia nelle cose spirituali che nelle temporali, a meno che il Vescovo non si sia riservati

---

[10] Santi, *op. cit.*, I-II, pag. 213-214.
[11] Cfr. Wernz, *op. cit.*, II, n. 805, nota.
[12] Wernz, *Jus Decretalium*, II, n. 805.

degli atti a sè stesso oppure il diritto richieda un mandato speciale. Questa giurisdizione, dunque, egli l'assume in forza del proprio officio, e, siccome ogni giurisdizione proveniente da un officio istituito dal diritto comune è giurisdizione ordinaria, (can 197 § 1) anche la giurisdizione del Vicario Generale dovrà essere ordinaria e perciò delegabile *ex parte* ed in caso di necessità anche *ex toto*.[13] Di più egli ha, nell'intera diocesi, la stessa giurisdizione che ha il Vescovo, e viene sotto il nome di Ordinario, (can. 198 § 1. can. 66) ma la giurisdizione del Vescovo è giurisdizione ordinaria, quindi anche quella del suo Vicario dovrà essere della stessa natura.[14] Il fatto che il Vescovo nomina il Vicario Generale non costituisce un'obiezione a questa dottrina perchè, nonostante la mediazione del Vescovo e la potestà che egli ha di modificare, entro i limiti permessi dal codice, la sua giurisdizione, non è il Vescovo che gli dà questa giurisdizione, ma il diritto. Lo stesso si dica in quanto alla revocabilità della sua giurisdizione poichè non è di essenza alla giurisdizione ordinaria che essa sia irrevocabile, "irrevocabilitas enim ordinariæ potestati propria quidem est, sed ad essentiam eius non pertinet. Aliis verbis, deest huic officio, subiectiva perpetuitas, adest obiectiva perpetuitas, cum officium Vicarii Generalis ab ipso iure sit constitutum, cumque, quam primum ab Episcopo Vicarius Generalis nominatus est, huic ipso iure, *vi officii* et non ex mera commissione Episcopi iurisdictio concedatur, utique modo dependenti ab Episcopo et ad nutum eius exercenda." [15] La sua giurisdizione, peraltro, non sarà ordinaria propria, ma ordinaia vicaria, perchè, per quanto egli l'eserciti in virtù del suo officio, non l'esercita tuttavia a nome proprio, ma a nome del suo Vescovo che lo ha costituito. Parlando, infatti, poco più sopra, della distinzione tra la potestà ordinaria propria ed ordinaria vicaria, vedemmo come ordinaria propria sia solo quella potestà che compete *principaliter* al titolare dell'officio il quale l'u-

---

[13] Wernz-Vidal, *op. cit.*, II, n. 639.; De Meester, *op. cit.*, II, n. 729.; Toso, *Jus Pontificium*, VII, (1927) pag. 142.

[14] Badii, *Manuale iuris canonici*, I, n. 242.

[15] De Meester, *op. cit.*, II, n. 729.

sa *ex iure* ed a nome proprio, mentre ordinaria vicaria, sia ogni giurisdizione che venga esercitata *ex officio et ex iure*, ma a nome di altri, sia nello stesso tribunale della persona costituente che in tribunale diverso. La giurisdizione del Vicario Generale, viene esercitata nello stesso tribunale del Vescovo con cui egli forma una sola personalità giuridica ed è perciò ordinaria vicaria propriamente detta.[16]

Ea competit in universa dioecesi iuridictio in spiritualibus et temporalibus.... Quì il Legislatore prende nuovamente occasione di dichiarare l'universalità morale della giurisdizione del Vicario Generale. Egli ha competenza in tutta la diocesi e su tutti gli atti che si riferiscono a cose spirituali e temporali. Delle temporali, però, in via generale, ne ha la sola amministrazione extragiudiciale o amministrativa, poichè, per l'amministrazione giudiciale il codice provvede con l'istituzione dell'Officiale del Vescovo. (can 1573) Il codice dice *in spiritualibus et temporalibus*, non si da più motivo, quindi, alla nomina di due vicari generali di cui uno prenda la cura delle cose spirituali e l'altro delle temporali.[17]

Quæ ad Episcopum iure ordinario pertinent. Da questi termini gli autori derivano la breve definizione di "*Alter Ego Episcopi*" con la quale essi preferiscono identificare il Vicario Generale. Egli, infatti, avendo per oggetto della sua giurisdizione gli stessi atti che sono oggetto della giurisdizione che il Vescovo ottiene dal diritto comune, diviene il suo plenipotenziario e vice-gerente universale e forma con lui una sola persona giuridica, un solo tribunale. Se, perciò, il Vicario Generale, commettesse una grave mancanza, non potrebbe esser punito giuridicamente dal Vescovo, giacchè, nessuno è giudice di sè stesso, ma, per esser punito, deve, prima, esser rimosso dall'officio, e poi, giudicato, non però per le mancanze commesse durante l'amministrazione del suo officio, ma per mancanze personali; nè è egli tenuto a dar ragione, della sua amministrazione dopo che è stato rimosso dall'officio.[18] Pari-

---

[16] De Meester, *op. cit.*, I, n. 444.

[17] Augustine, *op. cit.*, II, pag. 401.; Ayrinhac, *op. cit.*, n. 170.

[18] Prummer, *Manuale iuris canonici*, n. 132.

menti potrà il Vescovo correggere solamente quegli atti del Vicario Generale che egli potrebbe correggere se fossero stati esecitati da lui stesso e sarà tenuto in *solidum* col suo Vicario a compensare tutti i danni che quest'ultimo, sia in mala fede che per distrazione, avesse ingiustamente arrecato durante l'amministrazione del suo officio.[19] Oggi non è più il caso di dire che non si dà luogo al ricorso dagli ordini ed atti del Vicario Generale al Vescovo, a meno che il Vicario Generale non sia allo stesso tempo Officiale. Prima del codice tutti gli autori negavano la possibilità di questo ricorso, però essi, generalmente, si riferivano al potere giudiziale del Vicario Generale ed alle sentenze emanate in qualità di giudice della corte vescovile. Ora però il Vicario Generale è amministratore della sola giurisdizione volontaria ed ognuno può fare ricorso al Vescovo per ogni suo atto amministrativo che fosse ingiusto o poco soddisfacente. La possibilità di questo ricorso in materia amministrativa è ammessa dal codice stesso nel canone 44, dove si parla della possibilità di ricorso al Vescovo per favori negati dal Vicario Generale e si prescrive finanche che il rifiuto del Vicario Generale deve essere espresso nel ricorso acciocchè la concessione del Vescovo sia valida.[20] "Gratia a Vicario Generali denegata et postea, nulla facta huius denegationis mentione, ab Episcopo imperata, invalida est." Se, dunque, il ricorso dal Vicario Generale al Vescovo, in materia di giurisdizione amministrativa non fosse possibile, non ci sarebbe bisogno di avere una disposizione simile, è chiaro, quindi, che l'impossibilità di questo ricorso si deve intendere esistere solamente quando esso riguarda appelli da sentenze giudiciali che possono essere state date dal Vicario Generale che fosse allo stesso tempo Officiale, però in questo caso non si tratta più di impossibilità di ricorso dal Vicario Generale, *qua talis* al Vescovo, ma dal Vicario Generale *qua* Officiale e giudice della Curia diocesana.

---

[19] Toso, *Jus Pontificium*, VI, (1927), pag. 143.

[20] Woywood, *A pratical Commentary on the Code of Canon Law*, vol. I, n. 275.

ARTICOLO IV.

RESTRIZIONI ALLA GIURISDIZIONE

Exceptis iis quae Episcopus sibi reservaverit, vel quae ex requirant speciale Episcopi mandatum. Questi sono i soli due modi con cui l'ampia giurisdizione del Vicario Generale può essere ristretta.

§ 1. *Riserva da parte del Vescovo.*

1—Il Legislatore dà diritto al Vescovo di riservare a sè l'esercizio di atti che altrimenti cadrebbero sotto la giurisdizione odinaria del Vicario Generale, però è bene inteso che egli non deve abusare di questo diritto col moltiplicare le riserve fino a restringere i limiti richiesti dalla natura della giurisdizione del Vicario Generale, ed a mutare il carattere stesso del suo officio. Un numero grande di riserve che facesse apparire le sue facoltà come semplici concessioni, farebbe di lui, non più un Vicario Generale, ma un semplice delegato del Vescovo.[21] Il Vescovo nel dare la riserva si attenga alle consuetudini del luogo ed all'importanza degli atti. Questa riserva il Vescovo la faccia in iscritto, possibilmente nel decreto di nomina, e sia esplicito e chiaro nello specificare i casi che intende riservare a sè. Ora non si da più, quindi, il caso di applicare la *Regula Juris* 81 *in sexto*: "In generali concessione nequaquam illa veniunt, quæ non esset quis verisimilter in specie concessurus" di cui parlano gli antichi canonisti, perchè il codice è esatto nel determinare gli atti di giurisdizione episcopale riservati al Vescovo e quelli comune a tutti e due. Sarà, perciò, proibito al Vicario Generale l'esercizio di quegli atti solamente che, pur essendo oggetto comune di giurisdizione, il Vescovo ha creduto ri riservarsi, senza presumere riserve ulteriori

---

[21] D'Angelo, *op. cit.*, Serie I, n. 3, pag. 15.; Toso, *Jus Pontificium*, VII, (1927) pag. 143.; Badii, *op. cit.*, s. 242.; Cocchi, *op. cit.*, III, pag .264.

a quelle espressamente dichiarate.[22] Fino a che esiste questa riserva Vescovile, il Vicario Generale non ha nessuna giurisdizione su quei determinati atti, tolta però la riserva, egli riacquista immediatamente quella stessa giurisdizione ordinaria che il codice gli avrebbe attribuito se non ci fosse stata riserva alcuna a meno che il Vescovo, nel concedergli la facoltà per atti già riservati, invece di togliere la riserva, lo costituisca semplicemente suo delegato, per ogni caso specifico. In questo caso, la sua giurisdizione sarebbe delegata.[23]

§ 2. *Mandato speciale.*

La seconda limitazione della giurisdizione del Vicario Generale si trova nel codice, quando cioè, per legge si richiede un mandato speciale del Vescovo o un indulto della Santa Sede perchè egli possa esercitare certi determinati atti giurisdizionali. Prima del codice, di questi atti, alcuni si trovavano espressi nel diritto comune ed altri si desumevano dagli autori, dalla gravità della materia, da altri principii generali e, finalmente, dalle decisioni delle Congregazioni romane, oggi, invece, il codice li propone in modo tassativo ed in modo da non dar motivo ad estendere la riserva a casi simili.[24]

I. Senza l'indulto speciale della Santa Sede, il Vicario Generale non può:

1) nominare canonici onorarii. (can. 406 § 1)

2) eriggere Congregazioni religiose. (can. 492 § 1)

3) nè può egli esser membro della commissione per la disciplina e l'amministrazione dei beni del Seminario. (can. 1359 §2)

L'esercizio di questi atti, dunque, non può esser commesso a lui neppure per mezzo di un mandato speciale, però non si proibisce che il Vescovo lo costituisca delegato per ogni singolo caso.[25]

---

22 Augustine, *op. cit.*, II, pag. 401,; Ayrinhac, *op. cit.*, n. 170.
23 Toso, *Jus Pontificium*, VII, (1927) pag. 143.
24 Wernz-Vidal, *op. cit.*, II, n. 639.
25 De Meester, *op. cit.*, II, n. 370, nota.

II. Senza il mandato speciale del Vescovo, il Vicario Generale non può:

1) Concedere l'incardinazione e l'escardinazione. (can. 113).

2) Provvedere agli offici ecclesiastici nel proprio territorio. (can. 152)

3) Accettare la rinunzia ad offici ecclesiastici. (can. 187 § 1)

4) Visitare la diocesi. (can. 343 § 1)

5) Convocare il Sinodo diocesano. (can. 357 § 1)

6) Esercitare funzioni pontificali quand'anche abbia il carattere episcopale. (can. 370 § 2)

7) Nominare ed istituire parroci. (can. 455 § 3)

8) Rimuovere Vicari Parrocchiali. (can. 477 § 1)

9) Dare il consenso per l'erezione di associazioni religiose. (686 § 4)

10) Riservare i peccati. (can. 893 § 1)

11) Concedere lettere dimissorie. (can. 958 § 1, 2°) [26]

12) Conferire ordini sacri, quantunque fosse insignito del carattere episcopale. (can. 959)

13) Permettere la celebrazione del *Matrimonium conscientiae.* (can. 1104)

14) Consacrare luoghi sacri ancorchè fosse Vescovo. (can. 1155 § 1)

15) Concedere il permesso per l'erezione di chiese. (can. 1162)

16) O di oratori pubblici. (can. 1191 § 1)

17) Autenticare reliquie. (can. 1283 § 2)

18) Rimettere alla pubblica venerazione reliquie i cui documenti autentici siano stati smarriti. (can 1285 § 1)

19) Definire la somma da chiedersi in favore della chiesa, quando si celebra Messa in chiese povere. (can. 1303 § 3)

---

[26] La S. Congregazione Concistoriale nel 1919 proibì ai Vicari Generali anche di dare *litteras discessoriales* ai sacerdoti che dall'Europa o dai lidi Mediterranei si vogliono recare per un tempo indeterminato in America e nelle Isole Filippine. Cfr. A.A.S. XI, (1919) pag. 40.

20) Erigere benefici non concistoriali. (can. 1414 § 3)

21) Unire chiese parrocchiali tra loro, o con beneficio non curato, (can. 1423 § 1)

22) Conferire benefici ecclesiastici. (can. 1432 § 2)

23) Concedere istituzione canonica. (can. 1466 § 2)

24) Permutare due benefici. (can. 1487 § 1)

25) Occuparsi delle cause processuali. (can. 1573)

26) Occuparsi di ciò che compete all'Ordinario del luogo nelle cause di beatificazione e canonizzazione. (can. 2002)

27) Annettere ed infliggere pene ecclesiastiche. (can. 2220 § 2)

28) Rimettere le pene ecclesiastiche che avesse inflitte in qualità di giudice. (can. 2236 § 3)

29) Assolvere eretici e scismatici. (can. 2314 § 2)

§ 3. *Animadvesiones* circa il Mandato Speciale.

Circa il Mandato speciale del Vescovo necessario per la validità di questi atti, bisogna notare:

1) Che non è necessario, nè per la validità, nè per la liceità, che esso sia dato per iscritto perchè altrimenti la legge lo avrebbe richiesto, come fa in altri casi,[27] però per evitare dubbi e questioni, in pratica è bene che si dia per iscritto.

2) Esso può esser dato per singoli casi separati, per un certo numero, ovvero per tutti i casi enumerati nel codice, e niente si oppone a che la concessione di esso sia espressa nel decreto stesso di nomina.[28] In quanto alla convenienza o meno, da parte del Vescovo, di estendere il mandato a tutti i casi enumerati nel codice, dobbiamo dire che se, rigorosamente parlando, ciò non si oppone al codice, è certo contrario allo spi-

[27] Documenti scritti sono richiesti dal codice nei seguenti canoni: 114; 159; 177 §3; 364 § 1; 465 § 4; 497 § 1-3; 622 § 1; 686 § 3; 723 n. 2; 879 § 1; 991 § 4; 1162 § 1; 1209 § 1; 1394 § 1; 1418; 1428 § 1; 1444 § 1; 1459 § 2; 1503; 1527 § 1; 1546 § 1; 2148 § 1; 2159; 2173; 2188. Cfr. Stutz, *op. cit.*, pag. 297, nota (3).

[28] Cappello, *op. cit.*, I, n. 397.

rito della legge.[29] Se diamo uno sguardo alla lista degli atti per i quali il mandato speciale è richiesto, noteremo che essi sono, generalmente, affari officiali di grande importanza per i quali si preferisce che il Vescovo agisca personalmente. Il legislatore, infatti, in quei casi determinati, non intende dare direttamente la facoltà di agire al Vicario Generale, ma dà semplicemente la facoltà al Vescovo di delegare il suo Vicario quando egli lo credesse opportuno e necessario. La delegazione generale, perciò, ci sembra poco favorita.

3) La possibilità, da parte del Vescovo, di estendere il mandato speciale a tutti i casi espressi nel codice mediante un mandato generale, ha fatto sorgere la controversia tra i dottori, se cioè, perchè il Vicario Generale possa agire, sia sufficiente la formula generale "*etiam quoad omnia quae speciale mandatum requirunt*" ovvero si debba far menzione specifica di qualcuno dei negozi che richiedono il mandato. Prima del codice, i Dottori insegnarono che menzione speciale era necessaria [30] e ciò era più che logico a quel tempo, perchè il numero dei casi non era, allora, ben determinato dal diritto comune, però ora l'accurata determinazione dei casi fatta dal codice, ha diviso i Dottori moderni in due sentenze opposte. Vermeersch-Cruesen,[31] Cappello,[32] Chelodi,[33] ritengono che la formola generale sia sufficiente. Badii,[34] Prummer,[35] D'Angelo,[36] Stutz,[37] sostengono, invece che si debba fare menzione specifica di qualcuno degli atti che richiedono tale mandato. Il canone 686 n. 4° col richiedere espressamente un mandato speciale, anche se egli fosse già munito del mandato generale, perchè il Vicario possa erigere o dare il consenso per l'erezione di

---

29 Chelodi, *op. cit.*, n. 200.; Cappello, *op. cit.*, *lo. cit.*

30 Schmalzgrueber, *op. cit.*, lib. I, tit. 28, n. 24.; Reiffenstuel, *op. cit.*, lib. I, tit. 28, n. 89.; Wernz, *op. cit.*, II, n. 805.

31 *Epitome*, I, n. 436..

32 *Summa*, I, n. 397.

33 *Jus de Personis*, n. 200, nota 3.

34 *Manuale*, pag. 200.

35 *Manuale Iuris Ecclesiastici*, pag. 175, nota.

36 *La Curia diocesana*, Serie I, n. 3, pag. 16-17.

37 *Der Geist des Codex Iuris Canonici*, pag. 300.

associazioni religiose, "Vicarius Generalis ex solo mandato generali, et Vicarius Capitularis nequeunt associationes erigere aut consensum præbere pro eorum erectione aut aggregatione," sembra favorire quest'ultima opinione, perchè, almeno in questo caso, si richiede un mandato speciale specifico per tale atto, non essendo esso compreso nel mandato generale. L'altra sentenza è anch'essa probabile per i Dottori *magni nominis* che la sostengono, però, se si sta allo spirito del codice, (e tutti gli autori sono concordi nel soggerire ciò) il quale non sembra favorire affatto un mandato generale, si noterà che, in pratica, i Vescovi dovranno far sempre menzione specifica di quegli atti che essi intendono sottrarre alla lista data dal codice.

4) Molto più importante invece è la controversia agitata, anche oggi, tra i Dottori circa la natura della giurisdizione del Vicario Generale quando egli agisca in forza del mandato speciale. Esercita egli giurisdizione ordinaria o delegata? Gli antichi dottori distinguevano. Era ordinaria se il mandato generale per agire nei casi riservati veniva commesso nello stesso documento di nomina, ovvero se, quantunque dato in casi particolari, fosse stato dato a lui come Vicario ed in merito del suo officio. Era delegata, al contrario, se data a lui "*intuitu vicariatus aut sub nomine vicariatus,*" come semplice delegato.[38] Tra i Dottori moderni, alcuni [39] seguono esattamente l'opinione antica ed il De Meester è tanto fedele ad essa che prova la sua opinione con le stesse parole del Barbosa, mentre altri,[40] ritengono che la giurisdizione esercitata dal Vicario Generale in virtù del mandato speciale è delegata.

---

[38] Cfr. Leurenio, *op. cit.*, quest. CIV; Barbosa, *op. cit.* Allegato 54, n. 37.; Reiffenstuel, *op. cit.*, *loc. cit.*, n. 83.; Schmalzgrueber, *op. cit.*, *loc. cit.* n. 24.; Bouix, *op. cit.*, pag. 421.

[39] De Meester, *op. cit.*, II, n. 729.; Wernz-Vidal, *op. cit.*, II, n. 640.; Cappello, *op. cit.*, I, n. 397.; Blat, *op. cit.*, II, pag. 340.; Stutz, *op. cit.*, pag. 325 e seqq.; Maroto, *op. cit.*, I, n. 699.

[40] Chelodi, *op. cit.*, I, n. 397.; Blat, *op. cit.*, II, pag. 340.; 436, Toso, *Summa de officio et potestate Vicarii Generalis*, Jus Pontificium, VII, (1927) pag. 143-144, Kearny, *The principles of delegation*, pag. 72 e seqq.

I canonisti che sono per la giurisdizione ordinaria, credono che, in virtù del mandato speciale, il Vicario Generale acquista una più estesa giurisdizione già propria del suo officio e precedentemente annessa ad esso. In altre parole, la concessione di un mandato speciale e la revoca della riserva che il Vescovo può aver fatta per alcuni casi è, per essi, la stessa cosa. "Quare, dire Vidal, sicut Episcopus auferens revocationem initio muneris factam, non videtur conferre delegationem, sed ampliare iurisdictionem ordinariam, ita per concessionem mandati specialis, tametsi non initio muneris factam, censerem fieri eamdem amplitionem potestatis ordinariæ, nisi *expresse* constituatur *delegatus* ad unum actum mandatum speciale requirentem." [41] I Dottori della sentenza opposta, invece, ritengono che il mandato speciale non è che un semplice mandato *ab homine* e che, perciò, non può dare origine a giurisdizione ordinaria. Questa seconda opinione, ci pare più probabile, e gli argomenti del Kearny sono veramente molto convincenti. Secondo l'illustre autore, quella giurisdizione solamente è ordinaria, la quale è annessa ad un officio dalla legge. Ma la legge comune della Chiesa, che è la fondatrice dell'officio in questione, effettivamente, invece di annettere questi diritti all'officio, li distacca da esso rendendo, così, necessario un mandato *ab homine* il quale è molto diverso da una disposizione *a iure*, quindi, non provenendo questi diritti da legge, non possono constituire giurisdizione ordinaria. L'Autore fa, inoltre, notare come non sia corretto l'assumere che l'estensione della giurisdizione ordinaria di un officio stabilito dal diritto comune, possa essere determinata dal Vescovo il quale è incompetente di regolare il diritto comune, e, con rara perspicacia, richiama l'attenzione sul significato delle parole "*nisi ex mandato speciali.*" Si deve notare, egli dice, che la frase "*nisi ex mandato speciali,*" non viene aggiunta inutilmente ai canoni in cui essa apparisce. Se essa non fosse colà, i canoni affermerebbero l'assoluta incompetenza del Vicario Generale in tali funzioni. Quindi si po-

[41] Wernz-Vidal, *op. cit.*, II, n. 640.

trebbe perfino dubitare se il Vescovo possa o no delegare il Vicario Generale in tali materie, poichè quest'ultimo sarebbe stato dichiarato incompetente dalla legge. La presenza di questa frase rende perfettamente chiaro che la delegazione del Vicario Generale non è proibita."[42] In quanto alla parità che il Vidal fa tra la revoca della riserva e la concessione del mandato speciale, il Kearny risponde nuovamente che essa non può essere ritenuta, perchè, quando il Vescovo toglie la riserva fatta, egli non concede giurisdizione alcuna, sia essa ordinaria o delegata, ma semplicemente rimuove un'ostacolo che ha impedito l'officio dal possedere l'ampiezza della giurisdizione concessagli dalla legge, mentre invece, col dare il mandato speciale, egli conferisce giurisdizione che la legge comune ha effettivamente distaccato dall'officio del Vicario Generale; in questo caso, egli conclude, il Vicario ricevendo giurisdizione, accetta qualche cosa che non era annessa, dalla legge, al suo officio. Essa è, perciò, delegazione.[43]

---

[42] Kearny, *op. cit.*, pag. 72-73.
[43] Kearny, *op. cit.*, *loc. cit.*

ARTICOLO V.

IL VICARIO GENERALE ED I RESCRITTI APOSTOLICI E LE FACOLTA' ABITUALI CHE LA S. SEDE CONCEDE AGLI ORDINARI DEL LUOGO.

Canone 368 § 2. *Nisi aliud expresse cautum fuerit......* A meno che non risulti diversamente, il Vicario Generale può eseguire i rescritti Apostolici rimessi al Vescovo o al precedente Rettore della diocesi, ed usufruire delle stesse facoltà abituali concesse dalla Santa Sede agli Ordinari del luogo a norma del canone 66. Ciò non è che l'applicazione della *regula iuris 46* (Re. 46, J. R. in VI°) "Is qui in jus succedit alterius, eo iure, quo ille uti debebit," e la estensione e codificazione di poteri che il Vicario Generale aveva già ottenuto per mezzo di vari documenti pontificii. Fin dal 1614, infatti, la S. Congregazione dei Vescovi e Regolari così scriveva al Vicario Generale di Parma.: "Per risposta alla vostra del 18 passato mi hanno ordinato q. I in S. di scrivervi che voi come Vicario Generale di codesta Chiesa, potete eseguire le lettere indirizzatevi prima come Vicario Capitolare quando sin adesso non l'abbiate fatto." [44] Simili provvisioni furono prese dalla S. Congregazione del S. Officio per mezzo di una lettera enciclica in riguardo ai rescritti per le dispense matrimoniali, (S. Officio, 20 Feb. 1888) e per mezzo di decreti in riguardo alle facoltà abituali degli Ordinari. (S. Officio, 24 Nov. 1897.; 20 Aprile 1898.; 3 Mag. 1899.; 5 Settembre 1900.) [45] Lo stesso principio fu nuovamente ripetuto dalla stessa Congregazione nel 1906 quando, proposto un dubbio sulla facoltà quinquiennali concesse ai Vescovi degli Stati Uniti di America

[44] *Fontes*, n. 1662.

[45] *Fontes*, n. 1109; 1193; 1223; 1246.

"An Vicarius Generalis gaudeat omnibus facultatibus habitualiter a S. Sede Episcopis concessis," essa rispose: "*Affirmative, quoad facultates in dubio, servato tamen, quoad licitum usum, debito subordinationis officio erga proprium Episcopum.*"[46] Ora, come abbiam detto, il codice generalizza questi poteri del Vicario Generale e li estende a tutti i rescritti della S. Sede che hanno bisogno di esecuzione ed a tutte le facoltà abituali.

Per facoltà abituali, s'intendono quelle la cui definizione si riscontra nel canone 66 § 1, facoltà cioè, concesse dalla Santa Sede o in perpetuo, o per un determinato periodo di tempo, ovvero per un certo numero di casi, quali sono, per esempio, le facoltà quinquennali. Il diritto di esecuzione si ha anche quando il precedessore avesse cominciata e non finita l'esecuzione,[47] ed, essendo la giurisdizione proveniente da rescritti pontifici e da facoltà abituali, giurisdizione delegata, essa può esere sottodelegata anche "*habitualiter, nisi electa fuerit industria personœ.*" [48] Per l'esecuzione dei rescritti papali, il Vicario Generale tenga in mente quanto il codice prescrive nei canoni 52-59.[49]

"*Nisi aliud expresse cautum sit.*" Questa restrizione si riferisce ai rescritti concessi "*electa industria personœ,*" can. 57 § 2, ed a quelle facoltà concesse ai Vescovi per prerogative personali. Le facoltà quinquennali non sono mai date per prerogative personali. Il tenore del documento Apostolico sarà quello che guiderà questa restrizione. L'esecutore si intenderà essere stato scelto "*electa industria personœ,*" quando dal documento appare chiaramente che egli fu scelto per la sua speciale conoscenza in tale materia, per la sua prudenza, merito etc.. ovvero quando le espressioni *per se*, o *personaliter*, si trovano esplicitamente menzionate. Oggi è ancora controverso

---

46 *Fontes*, n. 1278 ad quintum.

47 Blat, *op. cit.*, II, 398.; D'Angelo, *op. cit.*, Serie I, n. 3, pag. 19.

48 Can, 199 § 2.

49 Per un'interpretazione diffusa di questi canoni si può consultare con grande vantaggio "Papal Rescripts of favor" del Dottor William H. O'Neill, Washington, D. C. pag. 156-194.

se l'espressione "*conscientiam tuam oneramus*" significhi che l'esecutore sia stato eletto "*electa industria personæ;* nel dubbio la legge non obbliga, e saranno, perciò, validi gli atti se, in tale caso, una sostituzione venisse fatta.[50] Lo stesso si ritenga per quelle facoltà concesse ai Vescovi per prerogative personali. Fatta eccezione, dunque, di questi due casi ai quali se ne può aggiungere un terzo possibile, quando cioè il Vescovo voglia riservare a sè l'esecuzione di qualche rescritto o l'esercizio di alcuni atti di giurisdizione abituale, il Vicario Generale ha, su questa materia, la stessa giurisdizione del Vescovo.

A conclusione di questo capitolo possiamo, perciò, dire che il Vicario Generale, ad eccezione della legislazione legifera e coattiva, ha l'universale giurisdizione episcopale, ordinaria, amministrativa e giudiciale, per il foro sacramentale,[51] nell'intera diocesi. Giurisdizione che gli compete nella sua qualità di Vicario e *Ordinarius loci,* (can. 198 § 1) giurisdizione che, per la sua identità a quella del Vescovo, fa di lui un altro *Ego* del suo Superiore ed una stessa e sola persona giuridica con lui.

---

[50] O'Neil, *op. cit.*, pag. 82.
[51] Cappello, *op. cit.* I, n. 398.

SCOLIO I.

IL VICARIO GENERALE ED IL CANONE 198 § 1

Canone 198 § 1. In iure nomine *Ordinarii* intelliguntur, nisi quis expresse excipiatur, præter Romanum Pontificem, pro suo quisque territorio Episcopus residentialis, Abbas vel Prælatus *nullius* eorumque Vicarius Generalis, Administrator, Vicarius et Præfectus Apostolicus, itemque ii qui prædictis deficientibus interim ex iuris præscripto aut ex probatis constitutionibus succedunt in regimine; pro suis vero subditis Superiores maiores in religionibus clericalibus exemptis.

Con una terminologia così chiara, non si può dare più dubbio alcuno sui limiti delle facoltà del Vicario Generale nella sua qualità di Ordinario. Egli viene sotto il nome di Ordinario del luogo e ne gode, perciò, tutte le facoltà e privilegii, a meno che il codice non provveda espressamente il contrario. Nel corso di questo capitolo, abbiamo già visto quali sono i casi specifici in cui il codice esclude espressamente il Vicario Generale dalle facoltà date al Vescovo o all'Ordinario del luogo col richiedere, per lui, un mandato speciale, quindi ora si può ben dire che, fatta esclusione di quei determinati canoni e di tutti quegli altri che per la loro natura si riferiscono ad essi, (e ve ne sono molti), ogni volta che nel codice incontriamo il termine Ordinario, dobbiamo ritenere per certo che il Vicario Generale deve essere compreso in esso e che, conseguentemente, egli gode tutte le facoltà attribuite a quel titolo. Il "*nisi quis expresse excipiatur*" del canone 198 distingue nettamente quando o no il Vicario possa agire sotto il nome di Ordinario, quindi all'infuori di quei casi specifici che il codice dà in modo tassativo, la restrizione "*nis quis excipiatur*" non si può applicare ad altri, nè si può dar luogo ad argomenti *a fortiori*.

Abbiamo voluto fare quì questa osservazione perchè in un articolo apparso nel "Commentarium pro religiosis" (1920) il Goyneche sembra voglia sostenere che ci siano altri casi nel codice in cui, sebbene non si faccia esclusione esplicita del Vicario Generale dal nome di Ordinario, pure egli, per ragioni che l'autore espone, non può agire senza il mandato speciale del Vescovo. L'illustre canonista, al quale consente, più tardi, lo Schafer,[52] riferendosi ai canoni 495, 497, 498,[53] si propone il dubbio: "An quando codex licentiam, veniam vel consensum Ordinarii loci requirit ad erectionem vel soppressionem domus religiosæ, possit ea præstare Vicarius Generalis sine speciali mandato et Vicarius Capitularis," e, giustamente risponde col premettere che, se l'erezione o la soppressione della casa religiosa equivalesse alla erezione o soppressione della religione stessa, il Vicario Generale certamente non può dare il consenso nè per l'erezione (can. 492) nè per la soppressione. (can 493 e 498) Quando poi l'illustre autore passa ad analizzare l'ipotesi del permesso per l'erezione o soppressione di una casa religiosa che non implica la erezione o soppressio-

---

[52] Schafer, *De religiosis*, n. 88.

[53] Can. 495 § 1. Congregatio religiosa iuris diocesani in alia dioecesi domos constituere non potest, nisi consentiente utroque ordinario, tum loci ubi est domus princeps, tum loci quo velit commigrare; Ordinarius autem loci unde excedit, consensum sine gravi causa ne deneget.

Can. 497. § 1. Ad erigendam domum religiosam exemptam, sive formatam sive non formatam, aut monasterium monialium, aut in locis Sacrae Congregationi de Prop. Fide subjectis quamlibet religiosam domum, requiritur beneplacitum Sedis Apostolicae et Ordinarii loci consensus in scriptis datus; secus, satis est Ordinarii venia.

Can. 498. Domus religiosa sive formata, sive non formata, si ad religionem exemptam pertineat, supprimi nequit sine beneplacito apostolico; si ad Congregationem iuris pontifici non exemptam, supprimi potest a supremo Moderatore, consentiente Ordinario loci; si ad Congregationem iuris dioecesani, sola Ordinarii loci auctoritate, audito Congregationis Moderatore, salvo praescripto can 493, si de unica domo agatur, salvoque iure recursus in suspensivo ad Seden Apostolicam.

ne della religione stessa, egli confessa che "prima fronte videtur absolute affirmandum" perchè, secondo il canone 198 il Vicario Generale viene sotto il nome di Ordinario del luogo. Di più, egli dice, la fondazione o erezione canonica di una congregazione religiosa in diocesi viene riservata al Vescovo solamente, (can. 492) con l'esclusione del Vicario Generale, quindi, se il legislatore avesse voluto escluderlo anche quando si tratta del permesso per l'erezione di una casa religiosa, lo avrebbe dovuto esprimere in modo esplicito. Però, egli continua, "Vicarium Generalem id facere non posse absque mandato speciali probatur:

1) Quia sine mandato speciali Vicarius Generalis nequit consensum præstare ad ædificandam ecclesiam, (can. 1162 § 1) sed, *constituendae novae domus religiosae permissio, facultatem secumfert pro religiosis clericalibus habendi ecclesiam vel oratorium domui adnexum*, Can. 497 § 2; Ergo saltem pro religionis clericalis domibus erigendis, licentiam Vicarius Generalis concedere nequit sine speciali mandato.

2) Quia sine mandato speciali prohibetur Vicarius Generalis alia fundatione vel suppressione domus religiosæ multo minora facere, utpore erigere associationes pias, (can 686 § 4) litteras dimissorias concedere, (can. 988) cosecrare loca, (can. 1155 § 1) reliquias authenticas edicere (can. 1283 § 2) etc. Inde est quod a fortiori mandatum speciale requiratur ad erectionem vel suppressionem domus religiosæ, quæ, ut merito notat Vermeersch, existimatur ex gravioribus negotiis diocesis.

3) In priori disciplina, communior sententia rerum iudicatarum auctoritate confirmata, exigebat in Vicario Generali mandatum speciale ad concedendam licentiam ad religiosam domum erigendam; cum ergo disciplina hæc immutata maneat, sicut et antea opus est eam interpretari." [54]

Noi non sappiamo che forza il chiaro autore vuol dare al "*saltem pro religionis clericalis domibus erigendis;*" però, dall'insieme sembra essere sua opinione che il Vicario Generale ha bisogno del mandato speciale anche quando si tratta di dare

[54] *Commentarium pro Religiosis*, 1920, pa. 114-115..

il consenso per le case religiose non clericali per le quali non si richiede l'erezione della chiesa o dell'oratorio pubblico. Egli, infatti, avrebbe avuto appena bisogno di far menzione del primo suo argomento se avesse voluto ricordare semplicemente che il Vicario Generale non può dare il permesso per l'erezione di case religiose clericali. Se dunque l'interpretazione che noi diamo all'opinione del Goyeneche è corretta, si deve dire che egli vuol negare al Vicario Generale facoltà che il codice non intende negargli, vuole, con argomenti *a fortiori* estendere la riserva a casi non compresi tra quelli che sono dati in modo tassativo dal codice. È perfettamente corretto che il Vicario Generale, senza il mandato speciale non può dare il permesso per l'erezione di una religiosa che porta con sè l'erezione di una Chiesa o Oratorio pubblico perchè l'uno e l'altro gli viene negato espressamente nel codice, (Cfr. Can. 1162 § 1, e can. 1191) però perchè negargli anche la facoltà di dare il permesso per l'erezione di case religiose non clericali che non richiedono l'erezione di una chiesa o oratorio pubblico? Il codice parla di case religiose in genere, "*domus religiosa*," e, nel richiedere, per la loro erezione, il permesso o consenso dell'Ordinario del luogo senza l'esclusione esplicita del Vicario Generale e senza richiedere per lui il mandato speciale, intende dare anche a lui questa facoltà. Se lo avesse voluto escludere, lo avrebbe fatto come lo ha fatto in altri casi. È poi officio dell'interprete della legge di distinguere quale di queste erezioni di case religiose è di competenza del Vicario Generale e quale, per le riferenza che ha ad altri principii stabiliti nel codice, richiede per lui un mandato speciale. Noi perciò crediamo che, dal momento che il codice quì non fa nessuna menzione del mandato speciale ed usa la terminologia generale *Ordinarius loci*, il Vicario Generale, che è Ordinario del luogo può certamente, senza bisogno del mandato speciale, usare la facoltà consessagli nei canoni sopra riferiti ed applicarla a tutti quei casi in cui non si ha conflitto con altre facoltà per le quali la sua incompetenza è stata altrove, nel codice, espressamente dichiarata. Egli può, perciò, come ordinario del luogo, dare il consenso per l'erezione e suppressione di case religiose non clericali. "Et cum codex, dice il Toso, neque exigat, neque neget, videtur concensus præstari posse a Vicario Generali sine mandato speciali." [55] Ancora più determinato su questa opinione è il Toso quando, facendo il commento al canone 498, dopo aver annunziata l'opinione contraria del Chelodi, Schafer e Goyeneche, aggiunge: "Sed, ex adverso.... tenendam esse existimamus contrariam sententiam, nempe speciale mandatum non esse necessarium. Et revera, ad norman can. 368 § 1 Vicario Generali, *vi officii*, ea competit in universa diœcesi iurisdictio.... quæ ad Episcopum iure ordinario pertinet, exceptis iis.... quæ *ex iure requirant speciale Episcopi mandatum*. Quoties igitur speciale mandatum requiritur, ius expresse statuit.... unde cum codex in casu sileat tenendum est Vicarium Generalem *vi officii* agere posse. Præterea hisce canonibus Legislator loquitur de Ordinario loci... at inter recensitos in § 1 can. 198 locum obtinet Vicarius Generalis. Quoties igitur Codex loquitur de *Ordinario loci*, nis per adiectam clausolam verborum *propria* significatio (Cfr. can. 18) registratur.... semper loqui censendus est de Vicario quoque generali. Sed nulla in can. 498 restrictio fit. Si ergo velimus, prouti decet, Justinianum per Justinianum interpretari, videtur Vicarius Generalis in erigenda ac supprimenda domo religiosa, agere posse, perinde ac Episcopus, vi officii et sine speciali mandato." [56]

Il secondo argomento del Coyneche non ci sembra giuridico. Il fatto che al Vicario Generale siano negate facoltà di minore importanza della istituzione di una casa religiosa in diocesi, non dà luogo ad un argomento *a fortiori*, perchè quì si tratta di casi dati in modo tassativo, quindi se la clausola "*nisi quis expresse excipiatur*" non si verifica, checchè sia dell'importanza dell'atto, è certo che egli è Ordinario del luogo e *qua talis* ne usufruisce le stesse facoltà. Non neghiamo che l'erezione o la soppressione di una casa religiosa sia un negozio di grande importanza nella diocesi, però, perchè ricorrere ad

---

[55] Toso, *Jus Pontificium*, VII, (1927) pag. 18. .

[56] Toso, *Jus Pontificium*, VII, (1927) pag. 24-25.

argomenti che ci allontanano dalla giusta interpretazione del codice quando si hanno nel codice stesso provvisioni che regolano la prudenza del Vicario Generale ed evitano conflitti tra lui ed il suo Vescovo in casi importanti di Curia? Il canone 369,[57] impedirà che ci sia conflitto tra il Vescovo ed il suo Vicario in casi di maggiore importanza e quest'ultimo, se ha caro il suo officio, si atterrà ad esso strettamente.

La disciplina antica, secondo la quale la sentenza più comune riteneva esiggersi, per il Vicario Generale, il mandato speciale, che l'autore reclama nel terzo argomento e che, secondo lui, anche oggi rimane immutata, sembra che non si possa sostenere. Ci furono tante altre opinioni antiche che oggi il codice ha abolite e noi crediamo che il canone 198 connesso con i canoni 495, 497, e 498, non da più vigore all'antica dottrina. "Neque, dice nuovamente il Toso, quis provocare potest ad ius vetus ante Codicem vigens, cum et Codex.... satis clare loquatur, et haud paucæ per Codicem in iure Vicariorum generalium immutationes introductæ sint." [58].

Il canone 198 è importantissimo nei riguardi della giurisdizione del Vicario Generale; esso è la chiave, l'indice di tutte le sue attribuzioni nella sua qualità di Ordinario del luogo e la corretta interpretazione ed applicazione di esso ci salverà da ogni dubbio sull'estensione o restrizione della sua giurisdizione ogni volta che, nel codice, ci troviamo di fronte al termine *Ordinarius, Ordinarius loci.* Perchè si neghi una facoltà al Vicario Generale, o si richieda un mandato speciale, è sempre necessario che il *nisi expresse excipiatur* del canone 198 si verifichi, nè può esso, con argomenti *a fortiori*, estendersi a cosi simili non contemplati dal codice.

E come, con la corretta interpretazione del canone 198, non si può restringere la potestà del Vicario Generale, così,

---

[57] Vicarius Generalis praecipua acta Curiae ad Episcopum referat, ipsumque certorem faciat de iis quae gesta sunt aut gerenda sint ad tuendam in clero et populo disciplinam.

§ 2, Caveat ne suis potestatibus utatur contra mentem et voluntatem sui Episcopi, firmo praescripto can. 44 § 2.

[58] Toso, *op. cit., loc. cit.*

come è chiaro, essa non si potrà ampliare. Così, nel caso che, in assenza del Vescovo, il Vicario, privo di mandato speciale, si trovasse nella necessità urgente di esercitare facoltà che per lui richiedono il mandato speciale, egli non può per nessuna ragione agire. Il caso è possibile specialmente in materia di pene ecclesiastiche, quando cioè il bene comune, lo scandalo etc. richiedessero, per esempio che un ecclesiastico venga immediatamente interdetto, sospeso, o rimosso dal suo officio. A prima vista, potrebbe sembrare che in tale caso, *ex natura rei*, egli potrebbe prendere almeno delle misure che hanno apparenze di provvedimenti amministrativi, mandando, per esempio, l'ecclesiastico in una casa religiosa per un corso di esercizi spirituali, però, se vogliamo stare ai prescritti del codice, dobbiamo dire che neppure ciò è di sua competenza, perchè è difficile che una provvisione tale si discosti dalla nozione di pena, o rimedio penale, ovvero penitenza, cose tutte che oltrepassano i limiti della sua giurisdizione ordinaria. (Cfr. Can. 2220 § 2) De Meester,[59] parlando della potestà dell'Ordinario di sospendere " *ex informata*," di cui nel canone 2186,[60] mette in dubbio se il Vicario Generale sia o no incluso, quì, nel nome Ordinario. "Utrum vero, egli dice, Vicario Generali competat merito dubitatur, nam regula est eum sine speciali mandato pœnam ob delictum infligere non posse." Se questo dubbio fosse sostanziale, il Vicario potrebbe molto facilmente applicare questa facoltà per sormontare le difficoltà in cui, nel caso poco più sopra supposto, si potrebbe trovare, però temiamo che un dubbio tale non può per nessuna ragione sostenersi perchè, per quanto la procedura di cui nel canone 2186 non sia giuridica, ma amministrativa, l'effetto, tuttavia, è una pena ecclesiastica e perciò avente relazione al canone 2220 § 2. "Iure codicis, dice Vidal commentando sullo stesso canone 2186, hac potestate potiuntur omnes qui ex canone 198 § 1 veniunt sub nomine Ordinarii excepto Vicario Generali, speciali mandato non munito cum ex can. 2220, § 2, sine tali mandato

59 De Meester, *op. cit.*, III, pars II, n. 1680.

60 Ordinariis licet ex informata conscientia, clericos subditos suspendere ab officio sive ex parte, sive etiam is toto.

caret potestate infligendi pœnas, nisi agatur de casu quo, sede impedita (cfr. can. 429) regimen diœcesis tenet." [61] Lo stesso si dica dell'amozione amministrativa dei parrocchi a norma del canone 2147 e secq.

Il fatto che si può procedere all'amozione amministrativa dei parroci per ragioni che non sono ad *pœman*, ma per il bene comune dei fedeli, quali, per esempio, infermità fisica o mentale del parroco, sua imperizia, ovvero *odium plebis* anche ingiusto, può indurre a credere o, almeno, a dubitare che in questi casi, non trattandosi di infliggere pene, il Vicario Generale possa procedere all'amozione senza aver bisogno di un mandato speciale. Un dubbio tale, però non si potrebbe sopportare sia perchè, come il Vicario Generale non può conferire offici e benefici senza il mandato speciale, così non li potrà, parimenti, togliere per nessuna ragione, qualunque sia la natura di essa "*per quas causas res nascitur per easdem dissolvitur*," sia ancora perchè tale proibizione si ebbe nel diritto antico con disposizioni positive, fu ripetuta nel canone 32 del decreto *Maxima Cura* dal quale la disciplina odierna sulla rimozione amministrativa dei parroci è stata presa quasi letteralmente, e si considera immutata anche oggi. "Subiectum activum amotionis administrativæ, dice Wernz-Vidal, ex natura rei et ex positiva iuris dispositione est Ordinarius parochi removendi: quo nomine ex can. 198 veniunt Episcopus, Administrator Apost., Abbas nullius cum iurisdictione quasi-episcopali in territorio separato et Vicarius capitularis etc. At ex positiva iuris dispositone in decr. C. S. Cons. excludebatur Vicarius Generalis nisi speciali ad hoc mandato esset munitus (Decr. "Maxima cura" can. 32), quæ exceptio erat tamen conformis iuri communi de potestare Vicarii Generalis, cuius numeris indoles non videtur fuisse immutata, ideoque idem dicendum." [62]

---

[61] Wernz-Vidal. *op. cit.*, VI, n. 797.
[62] Wernz-Vidal, *op. cit.*, VI, n. 745.

SCOLIO II.

IL VICARIO GENERALE ED IL CANONE 429

Canone 429 § 1. Sede per Episcopi captivitatem, relegationem, exilium, aut inhabilitatem ita impedita, ut ne per litteras quidem cum diœcesanis communicare ipse possit, diœcesis regimen, nisi Sancta Sedes aliter providerit, penes Episcopi Vicarium Generalem vel alium virum ecclesiasticum ab Episcopo delegatum esto.

§ 2. Potest in casu Episcopus, gravi de causa, plures delegare, qui sibi invicem in munere succedant.

§ 3. His deficientibus, vel, uti supra dictum est, impeditis, Capitulum ecclesiæ cathedralis suum Vicarium constituat, qui regimen assumat cum potestate Vicarii Capitularis.

§ 4. Qui diœcesim regendam, ut supra, suscepti, quamprimum Sanctam Seden moneat de sede impedita ac de assumpto munere.

§ 5. Si Episcopus in excommunicationem interdictum vel suspensionem inciderit, Metropolita, eoque deficient, vel si de eodem agatur, antiquior inter suffraganeos ad Sedem Apostolicam illico recurrat, ut ipsa provvideat; quod si de diœcesi agatur vel prælatura de quibus in can. 285, Metropolita qui fuit legitime electus, obligatione recurrendi tenetur.

Questo capitolo sulla giurisdizione del Vicario Generale sarebbe incompleto se non fermassimo brevemente la nostra attenzione su questo canone che, a nostro avviso, è di somma importanza nell'officio del Vicario Generale. In caso dunque che la Sede Episcopale sia impedita per cattività, relegazione, esilio o inabilità del Vescovo ed in modo tale che egli non possa communicare neppure per lettera con i suoi diocesani, l'amministrazione della diocesi rimane nelle mani del Vicario Generale a meno che la S. Sede non abbia provvisto diversamente, ovvero il Vescovo non abbia designato un'altra persona ecclesiastica. Quì si fa questione di sede impedita e non di sede vacante e noi, naturalmente, considereremo solamente il caso in cui il Vescovo non abbia designato un'altra persona per quest'officio ed in cui la sede sia impedita per inabilità del Vescovo fisica e non canonica, perchè è chiaro che se il Vescovo è inabile ad esercitare la sua giurisdizione nella diocesi per effetto di pene ecclesiastiche, lo sarà parimenti il suo Vicario che forma con lui un solo concistoro.

Questa disciplina non fu sempre constante. Nei primi secoli della chiesa, per quello che si ricava dalle lettere di S. Ignazio Martire e di S. Cipriano, in assenza del Vescovo ovvero in caso di morte, il governo della diocesi, non per legge, ma per consuetudine approvata dal tacito consenso dei Pontefici, veniva assunto dal "*Collegium Clericorum seu Præsbyterorum.*" Più tardi, verso il secolo IV, per il crescente pericolo delle sette, era il Papa o il Metropolita che pensava a mandare nella sede impedita o vacante degli amministratori che venivano chiamati *Interventores, Intercessores, Visitatores.*[62] Col crescere dell'importanza, nel secolo VIII e seguenti, del Capitolo della Cattedrale, cominciamo a vedere i canonici prendere una parte eminente nell'amministrazione della diocesi priva del suo Vescovo, fino a che, nel secolo X, essi ne reclamano addirittura l'assoluto diritto.[63] Al tempo delle Decretali, si fa distinzione tra sede vacante e sede impedita. Si ha sede vacante, oltre che con la morte del Vescovo, con la sua cattura fatta da Pagani o scismatici. Nell'uno e l'altro caso, il governo della diocesi passa nelle mani del Capitolo della Cattedrale il quale, però, ha l'obbligo di notificare quanto prima la S. Sede. Se ha sede impedita, invece, quando il Vescovo, 1) "*Demens fuerit et quid velit aut nolit exprimere*

---

[63] Hermes, *De Capitulo sede vacante vel impedita, et de Vicaeio Capitulari*, pag. 8 e seqq.; Ayrinhac, *Constitution of the Church*, pag. 266.

nesciat vel non possit," ovvero, 2) sia tanto vecchio, malato o affetto da un impedimento perpetuo in modo tale che " *ad sui exercitionem officii reddatur inutilis.*" In questo caso, se la sede è impedita per demenza del Vescovo, il Capitolo ha autorità di assumere uno o due coadiutori del Vescovo perchè lo suppliscano, se, invece, lo è per malattia ed il Vescovo ad istanza del Capitolo rifiuti di assumersi un coadiutore, il Capitolo non deve far altro che notificare quanto prima la S. Sede.[64] Quello che è degno di nota nei Decretali è che la cattura e ritenzione del Vescovo fatta da pagani o scismatici è equiparata alla morte naturale del medesimo e che perciò, ad interpretazione dei dottori, sospendeva la giurisdizione del suo Vicario.[65]. Non mancarono dottori posteriori alla pubblicazione delle Decretali che, con l'effettuazione della istituzione canonica del Vicario Generale, misero in dubbio questa dottrina perchè, essi dicevano, al tempo in cui Bonifacio VIII scrisse, il Vicario Generale non esisteva dappertutto, perciò il suo decreto era inteso a provvedere solamente per le diocesi dove egli non esisteva. Quest'opinione, peraltro, non fu la più comune perchè un gran numero di dottori, tra i quali Barbosa. Leurenio Pellegrino ed altri, ritenevano la sentenza contraria. La disposizione del decreto, essi dicevano, è universale e deve essere applicata anche quando il Vescovo abbia il suo Vicario, sia perchè il decreto stesso non fa distinzione alcuna, sia anche perchè la giurisdizione del Vicario Generale segue i destini di quella del suo Vescovo, quindi se la giurisdizione di questi è dichiarata sospesa, lo dovrà essere anche quella del suo Vicario.[66]

Un'altra controversia si originò, più tardi, nell'interpretare se per il termine *captivitas* da parte dei pagani e scimatici, che rendeva la sede vacante di cui parla il Decreto poteva o no intendersi anche esilio da parte del governo, deportazione, imprigionamento etc. Con il sopporto di alcuni canonisti, i Capitoli non furono scrupolosi nell'interpretare la parola *captivitas*

---

64 Ayrinac, *op. cit., loc. cit.*
65 Wernz-Vidal, *op. cit.* II, n. 704.
66 Wernz-Vidal, *op. cit., loc. cit.*

in senso largo, intendedola cioè, per esilio, deportazione, dando così subito motivo ad elezioni abusive di Vicari Capitolari quando invece il governo della diocesi sarebbe dovuto rimanere nelle mani del Vicario Generale.[67] Una tale arbitraria interpretazione fu, però, spesso riprovata dalla S. Sede e la giurisprudenza cominciò, così, a divenire sempre più favorevole al Vicario Generale. Nel 1837, Gregorio XVI pronunziò invalida l'elezione del Vicario Capitolare fatta dal Capitolo della Cattedrale di Cologne, dopo che l'Arcivescovo Clemente Augusto era stato preso prigioniero dal governo di Prussia. Più tardi, il 3 Maggio 1862, la S. Congregazione dei Vescovi e Regolari, fece la medesima dichiarazione per illecite elezioni di Vicari Capitolari fatte nelle diocesi del Regno di Napoli ed inflisse, inoltre, pene ecclesiastiche per gli elettori e sospensione o privazione dei loro benefici, per gli eletti.[68] E poco prima della pubblicazione del codice la Congregazione Concistoriale, con decreto del 6 dicembre 1914, ribadiva ancora una volta la costante giurisprudenza della curia romana su questo riguardo. "Cum in Mexicana republica, ob publicorum rerum subversionem fere omnes Antistites locorum Ordinarii aut vi e suis diœcesibus expulsi, aut impediti quominus ad eas regrederentur, aut in carcerem detrusi aut delitescere vel in finitimas regiones clam aufugere coarcti fuerint, contigit ut nonnulla Capitula cathedralia censuerint casum evenisse eligendi Vicarium Capitularem, et revera in aliqua diœcesi illum elegere præsumpserunt iniuste proinde sublata Vicario Generali Episcopi qualibet ordinaria potestate. Quod cum tolerari omnino nequeat, S. Congregatio Conscistorialis, de mandato SSmi D. N. Benedicti Pp. XV, declarat nullam esse in expositis adiunctis legitiman causam procedendi al electionem Vicarii Caitularis, et si quæ facta fuerit, eam irritam esse et nullius roboris; sortam e contra tectamque et integram subsistere Episcoporum auctoritatem, quam ipsi vel per Vicarium

---

[67] Hermes, *op. cit.*, pag. 52-53.

[68] Wernz-Vidal, *op. cit.*, II, s. 704.; Hayrinhac, *op. cit.*, *loc. cit.;* Augustine, *op. cit.*, II, pag. 470.

Generalem vel per alium sacerdotem a se delegatum, exercere possunt ac debent." [69]

La disciplina odierna ritiene esattamente la dottrina delle Congregazioni Romane con la sola differenza che oggi la prigionia del Vescovo, anche se fatta da pagani e scismatici, non rende più la sede vescovile vacante, ma impedita. È da notare, però, che, perchè il Vescovo si possa dire *captivus*, non è necessario che sia ridotto a prigionia dal Governo o che venga trasportato da un luogo ad un altro; è sufficiente che venga privato della sua libertà naturale anche nel suo stesso luogo di residenza e da privati cittadini. Così, parimenti, il Vescovo sarà impedito *per relegationem* se l'autorità pubblica lo confini in un certo determinato luogo, fuori del suo territorio di dimora; sarà impedito *per exilium*, se viene obbligato a lasciare il suo luogo di residenza ed andarsene fuori dello Stato senza, però, determinargli la destinazione, e, finalmente, sarà egli impedito *per inhabilitatem* se sia affetto da infermità, siano esse corporali che mentali, colpevoli o incolpevoli, ed in modo tale che il suo operare sia inutile o impossibile.[70]. Solamente quando qualcuno dei soprannumerati casi si verificano e le condizioni del Vescovo siano tali che egli non può communicare neppure per lettera con i suoi diocesani, si ha la sede impedita nel senso del canone 429. Se, dunque, la sede episcopale è impedita e la Santa Sede non ha provvisto diversamente, l'amministrazione della diocesi resta nelle mani del Vicario Generale.

La possibilità che simili condizioni si verifichino, per tacere delle tristi recenti realizzazioni del Messico e le attuali in Russia, ci ha persuasi a fermarci un poco ad analizzare l'estensione della giurisdizione del Vicario Generale in casi simili. Il Codice non fa parola della sua giurisdizione; esso dice semplicemente che il governo della diocesi passa al Vicario Generale, a meno che il Vescovo non abbia voluto sostituirlo con un'altra persona ecclesiastica appositamente determi-

[69] A. A. S., vol. VIo, pag. 698.
[70] Toso, *Jus Pontificium*, V, (1925)), pag. 76-77.

nata. Prenderà egli il governo della diocesi in qualità di semplice Vicario Generale, oppure in qualità di Vicario Capitolare, o Amministratore? Il silenzio del codice sembra indicare chiaramente che le sue facoltà, in caso di sede impedita, non vanno oltre i limiti di quelle concessegli dal diritto; egli rimane Vicario Generale, puro e semplice, con le solite facoltà comuni, nè ha egli alcun motivo per appropriarsi facoltà maggiori. Dal paragrafo terzo del canone 429,[71] sembrerebbe si dovesse dedurre che se la persona eletta dal Capitolo in caso che il Vicario Generale o l'altro ecclesiastico delegato dal Vescovo non si abbiano o siano impediti, possa agire con potestà di Vicario Capitolare, *a fortiori*, ciò potrebbe fare, in circostanze simili, il Vicario Generale il quale era stato eletto dal Vescovo stesso. Però questa è una semplice conclusione di convenienza e non si può sopportare, noi crediamo, con principii giuridici, perchè, se il Legislatore, in questo caso eccezionale avesse voluto attribuire al Vicario Generale le stesse facoltà del Vicario Capitolare, lo avrebbe detto espressamente. Forse, si potrà insistere; il Legislatore ha taciuto perchè suppone che nel caso in cui il Vicario Generale rimane l'Amministratore della diocesi impedita, il Vescovo non mancherà mai di dargli facoltà di agire anche in tutti i casi in cui il mandato generale è richiesto dalla legge, il che equivale a costituirlo praticamente Vicario Capitolare, perchè le facoltà del Vicario Generale munito di mandato generale sono quasi identiche a quelle del Vicario Capitolare.[72] Però tale interpretazione, se ammissibile, sarebbe anch'essa puramente arbitraria e non potrebbe opporsi al silenzio del Legislatore che costituisce un argomento giuridico positivo, quindi neppure essa ci potrebbe fare attribuire al Vicario Generale facoltà che il codice non gli dà. Ma una tale supposizione da parte del Legislatore non ci pare ammissibile. Egli infatti, come vedremo, non solo non sup-

---

[71] His deficientibus, vel uti supra dictum est, impeditis, Capitulum Ecclesiae Cathedralis suum Vicarium constituat, qui regimen assumat cum potestate Vicarii Capitularis.

[72] Cfr. l'indice analitico del Codice., *Vicarius Capitularis, Vicarius Generalis.*

pone che in caso di sede impedita il Vicario Generale sia sempre provvisto del mandato speciale, e, che, perciò, in qualche modo, si possa equiparare ad un Vicario Capitolare, ma implicitamente gli nega ogni facoltà di agire nei casi in cui il diritto richiede il mandato speciale se egli, per un motivo od un altro ne fosse sprovvisto. Consideriamo, infatti, il caso, per esempio, in cui il Vescovo, o perchè fatto prigioniero all'improvviso, o perchè divenga insano, non abbia neppur tempo di notificare il suo Vicario Generale e dargli il mandato generale. Si potrà dire che in questo caso il Vicario Generale acquista *ipso facto* il mandato generale? Il codice tace, però, dal canone 455 § 3 si può implicitamente concludere che in simili casi, eccezion fatta del caso solamente contemplato nel canone 455 § 3 stesso, la sua giurisdizione, nei riguardi degli atti richiedenti il mandato speciale di cui egli è sprovvisto, rimane quale essa era. Questo canone, parlando della nomina ed istituzione di parroci, stabilisce quanto segue.

§ 1. Jus nominadi et instituendi parochos competit Ordinario loci, exceptis parœciis Sanctæ Sedi reservatis reprobata contraria consuetudine, sed salvo privilegio electionis aut præsentationis, si cui legitime competat.

§ 2. Sede vacante aut impedita ad norman can. 429 ad Vicarium capitularem aliumve qui diœcesim regat pertinet:

1) Vicarios parœciales constituere ad norman can. 472-476.

2) Confirmare electionem aut acceptare præsentationem ad parœciam vacantem et institutionem electo aut præsentato concedere.

3) Parœcias liberæ collationis conferre, si sedes ab anno saltem vacaverit.

§ 3. Horum nihil Vicario Generali competit, sine mandato speciali, salvo præscripto cit. can. 429 § 1.

In questo terzo paragrafo, il codice fa prima il caso in cui la sede episcopale sia in condizioni normali e stabilisce che il Vicario non può fare nulla di tutto questo senza il mandato speciale, poi esso viene a considerare il caso della sede impedita ed allora dice che, in questo caso, se egli non avesse il mandato speciale, può fare tutto ciò che è contenuto nel paragrafo secondo. Questo, noi crediamo, è un forte argomento per concludere che, in altri casi in cui il mandato speciale è richiesto ed il Vicario non lo abbia, anche se la sede è impedita, egli non può agire. Se, infatti, il Legislatore avesse voluto estendere questa facoltà a tutti gli altri casi, egli avrebbe usato, in essi, una simile espressione. Se quindi quì si fa questa provvisione positiva ed in altri luoghi si omette, vuol dire che questa facoltà s'intende data solo per i casi contemplati nel canone 455 § 2 ad esclusione degli altri.

Vidal, nel testo che abbiamo riportato alla fine del primo scolio, ammette, senza esitazione che, mentre il Vicario Generale ha sempre bisogno di mandato speciale per sospendere *ex informata conscientia*, quando la sede è in condizioni normali, non ne ha bisogno, in caso di sede impedita. "....nisi agatur de casu quo sede impedita (cfr. can. 429) regimen diœcesis tenet."[73] L'autore non cita nessun argomento per sopportare la sua opinione e noi crediamo che, fino almeno a che non si hanno migliori evidenze, si possa ritenere che, ad eccezione del caso del can. 455, non si ha nessun'altra disposizione nel codice che, in caso di sede impedita, autorizzi il Vicario Generale sprovvisto di mandato speciale, ad esercitare giurisdizione su atti che lo richiedono.

Il fatto che il Vicario debba notificare, quanto prima, la Santa Sede, delle condizioni della sede vescovile e dell'amministrazione assunta, non aggiunge neppure esso alcuna facoltà speciale a quelle che il Vicario ottiene dal codice. Questa è una misura puramente amministrativa presa acciocchè la S. Sede conosca le condizioni della diocesi e possa prendere i suoi provvedimenti qualora lo creda opportuno. Niente vieta, però, anzi è consigliabile che, se il Vicario Generale fosse rimasto amministratore della sede impedita senza il mandato generale, faccia menzione di ciò nella notifica, così la Santa Sede

---

[73] Wernz-Vidal, *op. cit.*, VI, n. 297. Il chiaro autore mantiene la stessa dottrina quando, in caso di sede impedita, si debba procedere all'amozione amministrativa dei parroci. Cfr. *op. cit.*, VI, n. 745.

provvederà a darglielo ovvero a costituirlo addirittura Amministratore Apostolico, a seconda che essa creda conveniente. A conclusione dunque di questo scolio, crediamo si possa affermare che, in caso di sede impedita, il Vicario Generale rimane in diocesi con le stesse facoltà ordinarie attribuitegli dal codice e straordinarie commessegli dal suo Vescovo a norma del diritto. Che, se per caso, la commissione generale di queste facoltà straordinarie, fosse, per qualsiasi ragione, omessa, allora egli, ad eccezione di quelle comprese nel canone 455 § 2, non può presumere di acquistarle nè per forza di diritto nè, per forza di argomenti di convenienza. Così, s'intende, fino a che la Santa Sede non abbia disposto diversamente.[74]

---

[74] Questa nostra interpretazione al canone 429, non lo neghiamo, potrà sembrare troppo rigida, specialmente quando, trattandosi di casi straordinarii, sembrerebbe che si dovesse essere più liberali, però noi ci siamo voluti attenere strettamente al significato della terminologia del codice per metterci alla parte più sicura. Saremmo ben lieti se i Dottori dessero le loro opinioni su questo punto e se Roma stessa desse la sua parola su un soggetto che, in pratica può dar luogo a dubbi e difficoltà.

CAPITOLO VI.

DOVERI, DIRITTI E PRIVILEGI DEL VICARIO GENERALE; CESSAZIONE DEL SUO OFFICIO.

Canone 369 § 1. Vicarius Generalis præcipua acta Curiæ ad Epissopum referat ipsumque certiorem faciat de iis quæ gesta aut generenda sint ad tuedam in clero et populo disciplinam.

§ 2. Caveat ne suis potestatibus utatur contra mentem et voluntatem sui Episcopi, firmo præscripto can. 44, § 2.

ARTICOLO I.

DOVERI.

—1—Se il canone 368, di cui abbiamo trattato nel precedente capitolo, ci ha data una nozione chiara della giurisdizione del Vicario Generale, nella sua natura ed estensione, il canone 369 ci fa intendere e ci persuade che è volontà del Legislatore che egli l'eserciti, questa giurisdizione, in tutta la sua interezza e che la renda fruttuosa e benefica mediante la guida, l'accordo e la cooperazione del suo Vescovo. E ciò è coerente all'idea che la Chiesa ebbe nell'istituire il Vicariato Generale. Dopo aver giudicato necessaria l'istituzione di tale officio, averlo arricchito di una giurisdizione tanto ampia e generale, dopo aver imposto, quando ciò fosse necessario al buon regime della diocesi, un obbligo ai Vescovi di eleggersi un ecclesiastico che, libero dal ministero parrocchiale o quasi parrocchiale e munito di doti speciali possa esercitare quest'officio con onore ed efficenza, è coerente che, una volta nominato, la Chiesa voglia che questo Vicario Generale sia attivo. Quando si pensa che il Vescovo, quale supremo pastore della sua diocesi, ha tanti officii di natura strettamente episcopale da compiere che assorbono, se non tutta, la maggior parte della sua attività e che, conseguentemente, egli non ha tempo sufficiente da spendere in Cancelleria per occuparsi molto di ciò che riguarda i singoli atti amministrativi della Curia, si comprende quante altre cose necessarie alla buona amministrazione della diocesi rimangano da fare al Vicario Generale. Egli è il centro a cui convergono tutte le attività amministrative e disciplinari della diocesi e da cui emanano ordini e disposizioni che regolano questo grande organismo religioso. Egli è la mano destra del Vescovo che dirige il lavoro materiale della Curia e ne disbiga gli affari di officio. Concepire, perciò, un Vicario Generale che abbia tanto poco da fare in Cancelleria da non credere espediente di por piede in essa per giornate intere, sarebbe concepirselo diverso da quello che la Chiesa lo concepisce. Concepire una Curia diocesana dove gli atti e documenti principali sono transatti e firmati dal Cancelliere, mentre il Vicario Generale attende alla cura di anime in una parrocchia lontana ovvero è diversamente occupato nel ministero sacerdotale, sarebbe concepirsela diversa, molto diversa di quello che il Legislatore la concepisce.

Il codice coll'obbligare, nel canone 369, il Vicario Generale a riferire al suo Vescovo gli atti principali di Curia e ad informare il medesimo di tutti i provvedimenti che sono stati presi o si dovranno prendere per conservare la disciplina nel clero e nel popolo della diocesi, insinua chiaramente che è egli che deve badare ai lavori di Cancelleria, è egli che deve aver cura degli atti principali della Curia e delle disposizioni disciplinari della diocesi, con l'obbligo, peraltro, di tenere informato il Vescovo acciocchè non avvengano abusi e si abbia uniformità di azione e mutuo soccorso nel regime della diocesi. Se, dunque, il Vicario ha tanto da fare deve anche sentire la responsabilità del suo officio e la gravità degli obblighi che il codice gli impone. Oltre, perciò, ad essere assiduo nell'andare in Curia e nell'avere le sue ore di officio fisse, il Vicario, durante la sua permanenza in officio, deve condividere, col Vescovo, come la stessa giurisdizione, così ancora gli stessi obblighi che in materia amministrativa e di disciplina ecclesiastica il codice impone all'Ordinaro del luogo. Che anzi, se si tiene in mente che è desiderio della Chiesa che il Vescovo, nell'amministrare la sua diocesi faccia le parti "di buona madre" ed il Vicario quelle di "rigoroso padre,"[1] si è inclinati a pensare che questi obblighi incombono, in certo modo, più direttamente a lui che al Vescovo stesso.

Naturalmente tali obblighi sono troppo numerosi per poter essere riassunti in questo breve lavoro e se il Vicario Generale è, come dovrebbe essere, "in... iure canonico doctor aut peritus" saprà discerneli da sè, però ci piace accennare quì ad alcuni i quali, essendo di natura puramente amministrativa, ed avendo relazione immediata con la disciplina del clero e del popolo, dovrebbero formare l'oggetto precipuo della sua attività a meno che il Vescovo non se ne sia voluto riservare alcuni a sè. Per quanto riguarda il clero, dunque, noi crediamo che il Vicario Generale dovrebbe, sempre, ma specialmente quando il Vescovo fosse assente, sorvegliare perchè i Chierici della diocesi indossino l'abito ecclesiastico a seconda della consuetudine del luogo, (can. 136, § 1) intervengano, almeno ogni tre anni, agli esercizi spirituali nel luogo determinato, (can. 126) si presentino agli esami annuali per tre anni consecutivi dopo l'ordinazione, (can. 130) e si astengano da tutto ciò che non convenga al loro stato e dignità (can. 138). Egli dovrebbe, parimenti, badare a che nell'intera diocesi si faccia *sæpius in anno* la soluzione del caso morale a norma del diritto, (can. 131) a che i parroci osservino le leggi della residenza, (can. 465) abbiano in ordine i libri parrocchiali, (can. 470) i registri delle Messe, (can. 842) e facciano il resoconto annuale di quanto è avvenuto nella parrocchia e di ciò che si dovrà fare nell'avvenire. (can. 449) Procuri che ogni anno si faccia l'indice o catalogo dei documenti curiali dell'anno precedente da conservarsi nell'archivio diocesano e, soprattutto vigili perchè i documenti non vengano dispersi, ma ben conservati nell'archivio, (can. 376) del quale egli deve avere

---

[1] D'Angelo, *op. cit.*, serie I, n. 3, pag. 20.

una delle chiavi, (can. 379, § 3) e da cui nessuno può togliere documenti senza il suo permesso e quello del Vescovo. (can. 378, § 1).

Se in diocesi non vi fosse il Vicario Generale per le Monache, non facendolo il Vescovo, sarà suo dovere di presiedere alle elezioni della Superiora di tutti i conventi di Monache e Suore che non siano soggette a Superiori Regolari, (can. 506, § 2) pretendere dalla medesima che si dia ragione, almeno ogni tre anni, dell'amministrazione dei beni, (can. 531, § 1, n. 1) che le doti delle Suore siano amministrate bene e conservate, (can. 550) che si osservino le leggi della clausura, (can. 603) e che, senza necessità, le Suore non escano fuori del convento sole. (can. 607)

Per quanto riguarda la disciplina nel popolo, noi crediamo che egli dovrebbe, unitamente al Vescovo, concentrare la sua attività nel vigilare, "*graviter onerata sua conscientia*" perchè non si dia facoltà di predicare ad ecclesiastici di cui non si conoscono le abilità ed i costumi, e di rivocarla se fosse stata già data, (can. 1340, § 1, 2) nel procurare che, durante l'avvento e la Quaresima si predichi più spesso nelle chiese, (can. 1342, § 1) e che il popolo abbia la Missione almeno ogni dieci anni. (can. 1349, § 1) Avverta e faccia avvertire prudentemente i fedeli del pericolo che si ha nella lettura dei libri cattivi, specialmente quelli proibiti, (can. 1405, § 2) sia sommamente premuroso a fare insegnare il catechismo nelle scuole elementari e superiori della diocesi, (can. 1373, § 1, 2) impedisca, per quanto è possibile che i cattolici frequentino scuole e collegi acattolici, (can. 1374) badi a che, nelle scuole della diocesi non si insegnino cose contro la fede ed i buoni costumi, (can. 1381, § 2) sorvegli gli Ospedali, Orfanatrofi ed altre istituzioni simili della diocesi, (can. 1491) e procuri che i legati fatti dai fedeli per questi istituti, siano adempiti. (can. 1493) Vigili, soprattutto, l'amministrazione dei beni ecclesiastici della diocesi, (can. 1519, § 1, 2) formi, se è necessario, un comitato di persone competenti per l'amministrazione di essi, (can. 1520, § 1) e non trascuri di avere dagli amministratori dei beni ecclesiastici, il resoconto annuo della loro amministrazione. (can. 1625, § 1) Il Vicario Generale, in altre parole, sia l'occhio vigile del Vescovo che osserva ed apprezza, la sua mano destra che agisce e provvede.

Acciocchè, peraltro, non si abbia dualismo di governo, ed acciocchè l'unità di azione da parte del Vescovo e del suo Vicario sia più efficace nella buona amministrazione della diocesi, il Legislatore vuole che il Vicario Generale riferisca al Vescovo gli atti principali della Curia e lo tenga informato di tutte le disposizioni importanti prese per mantenere ed accrescere la disciplina nel clero e nel popolo della diocesi. Il Vicario Generale ed il Vescovo, lo abbiamo detto più volte, costituiscono una sola persona giuridica, un unico centro di azione in diocesi, quindi quello che fa l'uno deve esser conosciuto dall'altro acciocchè anche la direzione della diocesi sia unica ed i frutti più copiosi. Il Vicario Generale perciò deve considerarsi strettamente obbligato dalla disposizione contenuta nel primo paragrafo di questo canone perchè essa è essenziale alla buona relazione tra lui ed il suo Vescovo ed è richiesta dalla natura stessa dei rapporti che esistono tra loro. Precedentemente al codice, non mancarono monizioni particolari di simile natura, così, nel concilio provinciale Veneto del 1859 si legge: "....*Quum vero Vicarius Generalis, vi generalis mandati, nullam habet potestatem in ea quæ, ex dispositione iuris, vel ex consuetudine, vel propter rei gravitatem iuxta prudentis viri arbitrium, Episcopo reservantur; caveat ne officii sui limites prætergrediendo, quorumdam actuum validitatem in discrimen adducat.*" [2] E, nel Concilio di Urbino tenutosi nello stesso anno," ....*Vicarius Generalis Episcopi præcipua acta Curiæ, civilia et criminalia, quotannis scripto significet atque ipsum certiorem faciat de iis quæ etiam extraiudicialiter gesta sunt ad tuendam in clero et populo disciplinam et observatiam eorum quæ in provincialibus et diœcesanis synodis sunt decreta.*" [3] Le parole di quest'ultimo concilio sembrano siano state trascritte nel codice ed ora, che quello che prima era legge particolare

---

[2] Collectio Lacensis, *Acta et decreta Conciliorum Recentiorum*, VI, cap. XI, 306; Mansi, XLVII, 1113.

[3] Collectio Lacensis, VI, cap. 129, 44; Mansi, XLVII, 888.

è divenuto legge generale, il Vicario Generale "*sana doctrina, pietate, ex prudentia ac rerum gerandarum experientia commendatus,*" [4] che sia animato da un vivo desiderio di coadiuvare il Vescovo con zelo e fedeltà, pronto a sacrificare sempre la sua volontà per il buon regime della diocesi, sarà scrupoloso nell'osservanza di questo precetto e non darà motivo alcuno al Vescovo di lagnanze e disturbi.

Si noti che il codice usa due verbi distinti. Per gli atti principali della Curia dice "*referat,*" per le provvisioni disciplinari prese o da prendere, dice "*certiorem faciat.*" Il "*referat,*" a nostro avviso, pare che voglia dire di più del "*certiorem faciat,*" pare che voglia implicare l'obbligo, da parte del Vicario, di proporre all'esame del Vescovo gli atti principali prima che venga presa azione in riguardo di essi, se non per averne l'approvazione, per averne almeno il consiglio.

"*Præcipua acta Curiæ.*" D'Angelo, parlando degli atti principali che il Vicario deve riferire al Vescovo dice: "....certamente non quelli che non eccedono l'importanza di un puro pettegolezzo.... ma i principali, quelli specialmente che rivestono cariche di una certa importanza e che richiedono responsabilità di coscienza." [5] però questa interpretazione è più generale che l'espressione "*Præcipua acta Curiæ*" del codice. Quali sono gli atti principali che il Vicario deve riferire al Vescovo? In primo luogo, noi classificheremmo tra essi, tutti quegli atti che egli esercitasse non con giurisdizione propria, ma in virtù del mandato speciale che avesse potuto ottenere nel decreto di nomina o, in qualsiasi altro modo, dopo di essa. Così, se il Vescovo gli avesse concesso il mandato speciale di conferire offici e benefici o di accettarne la rinunzia, di infliggere pene ecclesiastiche, di approvare l'erezione di associazioni religiose o di Chiese ed Oratorii pubblici, egli dovrà certamente tenerlo informato di quanto agisce in tale materia perchè l'importanza di questi atti è grandissima, tanto grande che il Legislatore, desiderando che il Vescovo agisca egli stesso personalmente, permette al Vicario Generale di occu-

[4] Can. 367 § 1.
[5] D'Angelo, *op. cit., loc. cit.*

parsene solamente se munito del mandato speciale. Ciò valga anche per tutti gli altri casi in cui il mandato speciale è richieto e che noi abbiamo enumerato nel capitolo precedente. Atti principali di Curia devono considerarsi anche tutti quelli che, per quanto cadano sulla giurisdizione ordinaria del Vicario Generale, pure involvono tale responsabilità che la cognizione di essi da parte del Vescovo si rende necessaria. Essi sono, per esempio, le dispense che il Vicario concede sia in virtù della giurisdizione attribuitagli dal codice che in virtù della Facoltà Quinquennali, i provvedimenti che debbono esser presi per l'incremento delle opere caritatevoli ed educative della diocesi e per l'estirpazione degli errori nella comunità, la concessione, ai sacerdoti, delle facoltà di predicare o di sentire le confessioni e tutti quegli altri atti che poco sopra abbiamo enumerato come necesari per la buona amministrazione della diocesi e circa i quali il Vicario, quale Ordinario del luogo, ha l'obbligo di esercizio e vigilanza. Altri possono occorrere nelle diverse diocesi, per circostanze particolari di luoghi e persone ed allora è la natura dei medesimi e la prudenza del Vicario Generale che determineranno se vi sia o no l'obbligo di riferirli al Vescovo.

Oltre all'obbligo di riferire gli atti principali della Curia, il Vicario Generale deve anche informare il Vescovo di ciò che è stato fatto o si dovrà fare per il mantenimento e l'incremento della disciplina nel clero e nel popolo. Questa seconda parte del paragrafo potrà sembrare una ripetizione di quanto è stato detto nella prima, però non lo è. Il riferire i fatti principali, di cui nella prima parte, noi crediamo, riguarda piuttosto l'obbligo del Vicario di proporre alla notizia del Vescovo gli atti principali singolari ed individui, mentre questa seconda parte sembra che voglia suggerire frequenza di conferenze ed abboccamenti tra lui del il suo Vescovo per discutere le condizioni disciplinari della diocesi, i provvedimenti presi e quelli da prendere per il sano governo della medesima. Il Vicario che ha l'amministrazione immediata delle cose disciplinari e che, perciò, meglio di tutti sa quali siano le condizioni generali della diocesi, le esponga con chiarezza al Vescovo, lo faccia consapevole dei provvedimenti generali che egli ha già presi e che sono in uso nella diocesi, ne discuta, con lui, la saggezza, pratticità o meno, e proponga a lui i cambiamenti che, a suo giudizio, si dovrebbe introdurre nel futuro e gli altri provvedimenti che egli crede si dovrebbero prendere. Cerchi di sapere anche in modo definito e preciso dal Vescovo, quali sono le cose che debbono maggiormente occupare la sua attività e quali quelle la cui transazione il Vescovo desidera assumere personalmente, acciocchè non si verifichi il caso che egli si abbia ad intromettere in affari di cui il Vescovo si sta occupando egli stesso. Una minuziosa relazione di questo genere, oltre a rendere il Vescovo bene informato delle condizioni disciplinari della sua diocesi, dà a lui agio di vagliare l'abilità, prudenza e discrezione del suo Vicario, dà a lui occasione di consigliarlo e correggerlo se fosse necessario, e di contribuire, con i suoi suggerimenti a quella buona amministrazione della diocesi che è voluta dal codice e che deve stare a cuore a tutti i Vescovi e Vicari che sono animati da un sincero spirito di cooperazione nel governo del popolo affidato alle loro cure. Non c'è, forse, un altro canone nel codice che, meglio di questo, ci dipinge la figura del Vicario Generale quale è voluto dalla Chiesa. Questo paragrafo, infatti, più degli altri, ce lo rappresenta come il consigliere ed amico intimo del Vescovo che con lui condivide gli obblighi e le responsabilità; come l'altro *Ego* del Vescovo, come il suo cooperatore onesto e zelante che nulla trascura perchè, col comune accordo e consiglio, l'amministrazione della diocesi sia unica, sotto un'unica volontà, sotto un'unica direzione, la volontà e direzione dei due, Vescovo e Vicario, che si fonde mirabilmente nella volontà e direzione dell'Ordinario del luogo. Quanto frequentemente questi abboccamenti tra il Vescovo ed il suo Vicario debbano aver luogo, il codice non lo dice, però la natura delle relazioni tra i due suggerisce che essi abbiano luogo spesso, specialmente se la diocesi fosse molto grande e gli affari di Curia numerosi.

—2—L'obbligo fatto al Vicario Generale di informare il Vescovo degli atti principali della Curia e dei provvedimenti presi o da prendere per il mantenimento e l'incremento della disciplina della diocesi, è una misura di precauzione che il Legislatore, molto prudentemente, prende perchè non si verifichi il caso in cui il Vicario Generale faccia abuso delle sue facoltà contro la mente e volontà del suo Vescovo, ed il secondo paragrafo di questo canone viene appunto a rendere più chiaro e definito il pensiero del Legislatore. "*Caveat ne suis potestatibus utatur contra mentem et voluntatem sui Episcopi, firmo præscripto can. 44* § *2*. Il Vicario Generale si guardi di non usare le sue facoltà contro la mente e la volontà del suo Vescovo. Quanto è prezioso e desiderabile, per il buon governo della diocesi, l'accordo e cooperazione del Vescovo col suo Vicario, altrettanto è dannoso e riprovevole il disaccordo tra i medesimi, ben a ragione quindi il codice ammonisce severamente il Vicario perchè eviti questo grande male. La grande giurisdizione che possiede, il prestigio e preminenza che gode, l'intimità che, naturalmente nasce e si nutre tra lui ed il suo Vescovo, sono occasioni grandissime per il Vicario Generale di formarsi un giudizio falso del suo officio ed, in conseguenza, di agire indipendentemente dal Vescovo e forse anche contro la sua volontà. Se è abbastanza biasimevole e contro lo spirito del codice, che egli presuma di agire indipendentemente dal Vescovo, è addirittura intollerabile che egli faccia qualsiasi cosa contro la volontà del suo superiore, quindi nel disimpegno del suo officio, il Vicario ricordi, sopratutto, che egli è l'aiutante e non l'oppositore del Vescovo e che, per quanto gli atti posti da lui, con giurisdizione ordinaria, contro la mente e volontà del suo Vescovo, siano validi, sono sempre, tuttavia, illeciti, riprovevolissimi e potrebbero costituire materia più che sufficiente per essere rimosso dal suo officio.

Si noti che il codice dice "*mentem et voluntatem sui Episcopi*" quindi non solo non deve porre atti che sa certamente essere contrarii alla volontà del Vescovo, ma si deve astenere anche dal porre quelli che, a suo prudente giudizio, non sono conformi al savio pensiero ed all'opinione del Vescovo. In quanto alla concessione dei rescritti, tenga egli in mente il dispositivo del canone 44, § 2, in cui si stabilisce che il Vicario Generale non può validamente concedere, contro la volontà del suo Vescovo, una grazia negata da lui, anche se nella domanda al Vicario si faccia menzione del rifiuto del Vescovo. "*Gratia a Vicario denegata et postea, nulla facta huius denegationis mentione, ab Episcopo impetrata, invalida est, gratia autem ab Episcopo denegata, nequit valide, etiam facta denegationis mentione, a Vicario Generali, non consentiente Episcopo, impetrari.*" Si noti che se la gratia viene negata dal Vicario Generale, è sufficiente che il Vescovo sappia di questo rifiuto perchè posa concederla validamente e lecitamente, mentre, se la grazia è stata negata dal Vescovo, perchè il Vicario Generale possa validamente concederla, si richiede, oltre alla cognizione del rifiuto del Vescovo, il consenso del medesimo. La ragione è evidente. "*Episcopus enim est qui ecclesiæ* præficitur *(c. 329, § 1) et officium habet eam gubernandi cum potestate legislativa et coativa (c. 335, § 1); vicarius vero datur in adiutorium episcopi (c. 336 § 1), eique competit iursdictio in omnibus quidem, quæ ad episcopum iure pertinent, exceptis tamen iis, quæ sibi episcopus reservavit aut quæ ex iure requirunt speciale mandatum (c. 368 § 1). Porro, plus etiam quam aliquid sibi reservare, est aliquid denegare: in reservatione enim iudicium de opportunitate rei reservat sibi, in denegatione iudicium iam factum imponit.*" [6]

ARTICOLO II.

DIRITTI.

Canone 370 § 1. Præsente etiam Episcopo, Vicarius Generalis publice privatimque præcedentiæ ius habet super omnibus diœcesis clericis non exclusis dignitatibus et canonicis ecclesiæ cathedralis, etiam in choro et actibus capitularibus, nisi clericus charactere episcopali præfulgeat et Vicarius Generalis eodem careat.

§ 2. Si Vicarius Generalis sit Episcopus, omnia honorifica privilegia Episcoporum titularium obtinet: secus, durante munere, habet tantum privilegia et insigna protonotarii apostolici titularis.

[6] Ojetti, *Commentarium in Codicem Iuris Canonici*, I, pag. 231.

Per l'alto officio che il Vicario Generale esercita nella sua qualità di Vicegerente del Vescovo, è naturale che a lui spettino degli onori che lo mettano nel dovuto rilievo nella diocesi e nel clero.

§ 1. *Precedenza.*

Præsente etiam Episcopo.... Il primo onore che il codice attribuisce al Vicario del Vescovo, è il diritto di precedenza sopra tutti i chierici della diocesi inclusi i canonici e dignità del Capitolo, eccettuati i Vescovi, se egli non lo è; precedenza che gli spetta sia in coro che fuori coro, sia che il Vescovo sia assente o presente, sia in pubblico che in privato. Questo primo paragrafo è l'applicazione di principii già stabiliti nel codice quando si parla di precedenza. "Qui alius personam gerit, ex eadem obtinet præcedentiam.... Cui est auctoritas in personas sive physicas sive morales, eidem ius est præcedentiæ supra illos."[7] Il Vicario Generale che fa le veci del Vescovo ed ha autorità su tutto il clero della diocesi ha giustamente diritto al primo posto, dopo il Vescovo, ed alla precedenza su tutti gli altri membri del clero diocesano.

Prima del codice, la disciplina sulla precedenza del Vicario Generale, specialmente in relazione col Capitolo della Cattedrale, non era uniforme e spesso dava luogo a dispute interminabili. Leggendo gli antichi canonisti, specialmente il Ferraris,[8] il quale riporta un numero grandissimo di risposte delle diverse congregazioni romane, si ha subito un'idea delle diverse distinzioni e sottodistinzioni che si facevano ogni volta che il Vicario Generale interveniva in coro o in qualsiasi modo si trovava di fronte a membri del Capitolo della Cattedrale. Oggi però, il codice riordina *ex integro* tutta la materia circa la precedenza, quindi la precedenza del Vicario Generale su tutto il clero diocesano non dovrebbe essere più oggetto di disputa. L'unica eccezione che il codice fa è quando il Vicario Generale non Vescovo, si trovi di fronte ad un mem-

---

[7] Can. 106, n. 1-2.

[8] Ferraris, *op. cit.*, Artic. III, n. 1-26.

bro del clero che sia Vescovo; in questo caso, il più degno in ordine sacro ha la precedenza.

Nonostante la terminologia chiara del codice, non mancarono tuttavia dei dubbii. Così, nel Capitolo di Cuneo, si disputava se, in forza del canone 370 § 1, si doveva concedere la precedenza al Vicario Generale anche sopra il Parroco Priore della Cattedrale, il quale, per una Bolla rimontante al 1703 e innovata nel 1817 e 1889, e per tacito consenso del Vescovo, era la prima dignità del Capitolo,. "*prima dignitas post Episcopalem.*" I diritti del Parroco Priore erano sostenuti invocando i diritti acquisiti di cui nel canone 4, contro i quali, si credeva, il canone 370 non aveva nessuna forza. Una discordia simile si ebbe nel Capitolo di Udine, dove si disputava se la precedenza fosse dovuta al Vicario Generale anche quando, partecipando al coro, indossasse la veste canonicale e non quella di Vicario. Per la soluzione di queste controversie, i due rispettivi dubbii furono proposti alla S. Congregazione del Concilio.

1) An Vicario Generali Cuneen, ius præcedenti competat super Priore Parocho ecclesiæ cathedrali in casu.

2) An ius præcedentiæ super omnibus dignitatibus et canonicis ecclesiæ cathedralis spectet Vicario Generali in choro veste canonicali induto."

Il 17 maggio del 1919 la S. Congregazione rispose: *Ad utrumque affirmative.*[9] Le ragioni che si adducono nella risposta sono molto istruttive. Le pretese del Parroco Priore della Cattedrale di Cuneo, erano dovute ad un equivoco. Il codice non gli contesta i suoi diritti di capo e preside del Capitolo, nè gli nega il suo titolo di prima dignità, però l'essere prima dignità è un fatto di costituzione puramente interna del Capitolo che non ha nulla a che fare con la questione del diritto di precedenza. Altro è che egli sia il capo e preside del Capitolo, diritti che il codice non gli contesta, ed altro è che egli debba cedere la precedenza al primo officiale della diocesi in forza di un riordinamento gene-

[9] A. A. S., XI, (1919) pag. 349 e seqq.

rale sulla precedenza che tocca solo estrinsecamente il Capitolo. In quanto all'applicazione del canone 4 per i diritti acquisiti, bisogna notare che le leggi non sono retroattive; esse *respiciunt futura, non præterita,* (can. 10) il che non significa che la legge non possa sopprimere diritti che si hanno nell'atto in cui la legge viene promulgata, ma significa che essa non può togliere solamente quei diritti che nell'atto della pubblicazione si posseggono *independenter a facto præterito,* rimanendo, d'altra parte, sempre libera di sopprimere in futuro, diritti che siano indipendenti da un fatto antecedente. Così, un diacono che prima del codice era stato nominato parroco, rimane parroco anche dopo il codice nonostante il canone 453, perchè al tempo della pubblicazione egli era in possesso di un diritto "*dependenter a facto præterito,*" mentre invece un giovane che prima della pubblicazione del codice avrebbe potuto contrarre matrimonio ai quindici anni, dal giorno della Pentecoste del 1918, non ebbe più quel diritto, ed avrebbe dovuto aspettare il sedicesimo anno per contrarre validamente. Quello che in quest'ultimo caso si considera, dopo il codice, è l'età presente del giovane e non la legge antica, perchè nessuno potè mai acquistar diritto a contrarre matrimonio prima di aver raggiunta l'età canonica stabilita dal codice. Lo stesso si dica del caso del Parroco Priore. La precedenza che egli aveva sul Vicario Generale in forza della legge antica, viene distrutta dal cambiamento della legge nuova che l'attribuisce, invece, al Vicario Generale, quindi pur rimanendo egli la prima dignità del Capitolo, non può pretendere la precedenza che aveva perchè, neppur egli, come prima dignità potè mai aver diritto di precedenza su coloro che un cambiamento di legge avrebbe potuto, più tardi anteporre a lui.

In quanto la dubbio del Capitolo di Udine se cioè la precedenza al Vicario Generale fosse dovuta anche se non indossasse le vesti di Vicario, la Congregazione rispose che, essendo la disciplina sulla precedenza stata riordinata *ex integro,* con l'applicazione di nuovi principii stabiliti nel canone 106, le leggi particolari contrarie si devono considerare abrogate, (can. 6, n. 1.) Per coro non si deve intendere il luogo materiale, ma l'adunanza di ecclesiastici che recitano il divino officio in comune. Se perciò il codice dà espressamente la precedenza al Vicario Generale *etiam in choro*, gliela darà necessariamente anche quando, a norma del canone 409, è presente al coro in veste canonicale. "....non enim in choro præsens sed tamquam absens a choro conseretur iuxta præfatum canonem, si veste canonicali non accederet.[10]

Questo diritto di precedenza spetta al Vicario Generale anche se egli non fosse canonico. A tale proposito si ha un'altra decisione della medesima Congregazione del Concilio in risposta al Vescovo di Lucera il cui Vicario Generale non era canonico. Si disputava se, non essendo egli canonico, fosse potuto intervenire al coro e, conseguentemente, gli fosse spettato il primo posto. Il dubbio sorse per l'opinione di alcuni i quali ritenevano che le parole del canone "*etiam in choro et in actibus capitularibus*" sono state aggiunte solamente per mitigare e correggere l'antica dottrina, secondo la quale, il Vicario Generale, se canonico, doveva sedere "*in stallo suæ receptionis*" se voleva lucrare le distribuzioni e che, perciò, il canone 370 non darebbe nessun diritto al Vicario Generale non canonico di intervenire al Capitolo, nè tanto meno di avere il posto d'onore. Il Vescovo, per risolvere la controversia, propose il seguente dubbio alla Congregazione: "An Vicario Generali, qui non sit canonicus, competat, etiam in choro et in actibus capitularibus, locus cum præcedentia super omnibus canonibus et dignitatibus." La S. Congregazione, il 15 dicembre 1923, rispose: *Affirmative*, ad norman can. 370 § 1.[11] Quì, parimenti, la controversia era sorta da una interpretazione del tutto arbitraria. Il codice, nel concedere al Vicario Generale la precedenza, in coro e negli atti capitolari, sopra i canonici e dignità del Capitolo, non fa distinzione tra Vicario Generale canonico e Vicario Generale non canonico. Ed a ben ragione; infatti, qualsiasi sacerdote, e non necessariamente un canonico, purchè dotato delle qualità di cui nel canone 367, può essere nominato Vicario Generale.

---

10 A. A. S., *loc. cit.*

11 A. A. S., XVI, (1924) pag. 371 e seqq.

Di più, il codice concede la precedenza, in coro, al Vicario Generale solamente in quanto che egli è il rappresentante del Vescovo ed ha giurisdizione su tutti i chierici della diocesi, (cfr. can. 106, n. 1-2). Ma il Vicario Generale rappresenta il Vescovo ed ha giurisdizione sull'intero clero diocesano independentemente dall'essere o non essere canonico, quindi la precedenza gli si deve dare in ragione del suo officio e giurisdizione senza tener riguardo alcuno ad altre cause quali, per esempio, l'essere canonico della cattedrale od altro. Acciocchè, nel caso in cui il Vicario Generale che non fosse canonico e volesse intervenire in coro, non si costringa uno dei canonici a prendere lo scabello, ovvero, nel caso anche in cui il Vicario Generale essendo canonico e prendendo il suo posto di precedenza, non si verifichi il caso spiacente che, al suo intervento, una delle dignità debba cedere a lui il suo posto a cui d'altra parte ha diritto (can. 405 § 1)[12] e tutti gli altri abbiano a mutare di un posto, sarebbe cosa buona e pratticissima per la soluzione di molte difficoltà ed interpretazioni, che ogni capitolo si procurasse, se non ci fosse già, un posto speciale di precedenza, separato dagli scanni, dove il Vicario Generale canonico, o non canonico, possa prender posto intervenendo al coro.[13]

Con le risposte poco sopra ripotate con le quali la S. Congregazione del Concilio dà una più chiara spiegazione del canone 370, non si può avere più dubbio alcuno che il Vicario Generale abbia oggi precedenza su tutti i chierici, canonici e dignità capitolari della diocesi che non siano Vescovi, precedenza che gli compete indifferentemente dal fatto che egli sia o non sia canonico, che intervenga al coro ed agli atti capitolari con vesti di canonico e di Vicario ed ogni legge o costume in contrario, si deve intendere abrogato. Si noti, peraltro, che precedenza non significa presidenza, quindi il Vicario Generale come tale, non ha diritto a presiedere gli atti del capitolo. Questo diritto spetta al Preside del Capitolo a seconda

---

[12] Dignitates, canonici et beneficiarii, capta legitime beneficii sui possessione ad normam can. 1443-1445, statim pro gradu suo acquirunt insignia ac privilegia propria, scamnum in choro etc........

[13] Cfr. D'Angelo, *op. cit.*, serie I, n. 3., pag. 25.

delle norme del diritto comune e degli statuti capitolari.[14] Il Vicario Generale, quindi, sarà al posto di onore e prenderà posto nel centro del tavolo, però il Preside del Capitolo, che siederà alla sua destra, prenderà la direzione e presidenza degli atti.[15] Così pure, spetterà alla prima dignità del Capitolo, o alla seconda, se la prima fosse impedita, ovvero al primo canonico, se tutte le dignità fossero impedite, e non al Vicario Generale *qua talis.*:

1) di fare le veci del Vescovo nella celebrazione delle sacre funzioni delle festività più solenni dell'anno, can. 397, n. 1°, (S.C. dei Riti, 9 luglio, 1893, n. 3865.

2) di porgere l'aspersorio al Vescovo ogni volta che egli si reca alla cattedrale per celebrare Messa Pontificale, can. 397, n. 2°, (Cærimonale Episcoporum, lib. I, cap. XV, n. 3.; S.C. dei Riti, 23 Marzo 1592, n. 14.; 10 marzo 1640, n. 698.; 31 luglio 1665, n. 1319.; 6 aprile, 1680, n. 1646, e 13 marzo 1700, n. 2049.)

3) di fare da Sacerdote assistente al Vescovo celebrante Vesperi o Messa *in pontificalibus*, can. 397, n. 2. (Cœrimoniale Episcoporum, lib. I, cap. VII, n. 1.; S.C. dei Riti, 7 agosto 1610, n. 284.; 15 dicembre 1632, n. 599.; 21 marzo 1671, n. 1417 e 22 settembre 1872, n. 2659.)

4) di amministrare, (dopo il codice solamente perchè prima questo diritto spettava al parroco, Cærimoniale Episcoporum, lib. II, cap. XXXVIII, n. 4.; S.C. dei Riti 3 agosto 1701, n. 1076.) il Santo Viatico e l'Estrema Unzione al Vescovo moribondo e, dopo la morte, fare i funerali. can. 397, n. 3. "Itaque Vicarius Generalis, quamvis ex canone 370 § 1 codicis Iuris Canonici, etiam in coro et actibus capitularibus præcedentiæ ius habeat super dignitatibus et canonicis ecclesiæ cathedralis, ius tamen non habet (qua talis) ad ea numera exercenda, quæ iuxta Cærimoniale Episcoporum et decreta S. C.R. ad primam Capituli dignitatem pertinent."[16] Per la

---

14 Jus Pontificium, VIII, (1928) pag. 41.; can. 397, n. 4.

15 Monitore Ecclesiastico, V, (1923) pag. 219.

16 Ephemerides Liturgicæ, Anno XLII, Fascicolo VI, 1928, pag. 493 e seqq.

stessa ragione, se gli statuti del Capitolo prescrivono che il "*signum dare incohandi officium*" spetti al più degno, spetterà al Vicario Generale di darlo, ma se gli statuti tacciono, si stia al principio che precedenza non importa presidenza.[17] Quello che si è detto della precedenza del Vicario Generale sui canonici e dignità capitolari, vale anche per i consultori diocesani ed altre dignità ecclesiastiche che si possono avere nelle diocesi dove non c'è il Capitolo della Cattedrale.

—2—Ha il Vicario Generale, in forza del canone 370 § 1, il medesimo diritto di precedenza sopra i canonici od ecclesiastici parati con vestimenti sacri? È egli, in forza dello stesso canone esente da doveri personali di canonico, se egli è membro del Capitolo? Questa è una questione ancora controversa tra i Dottori. Nel Monitore Ecclesiastico si hanno due opinioni opposte. "Il Codice, (si afferma, rispondendo ad una simile domanda a questo proposito) se non lo dice espressamente, non ha inteso riformare le leggi liturgiche, (can. 2). Quanto al diritto di precedenza, quindi, del Vicario Generale, la riforma non va estesa oltre la giuridica; le varie decisioni della S.C. dei Riti perciò conservano oggidì il loro valore. Di quì, il Vicario Generale, non ha nè può avere la precedenza sul celebrante, sugli assistenti al trono, sui canonici parati, se egli non lo è ovvero non può esserlo con gli stessi paramenti.

È evidente pure come il Codice non abbia inteso affatto mutare la specie di canonico in un Vicario Generale che è anche canonico. Egli resta sempre canonico, con doveri personali proprii dai quali non può esimersi. Per esempio per lui, in quanto tale, cioè in quanto Vicario Generale, non esige il principio del canone 416." [18] A questa opinione fece eco, poche pagine appresso una nota della Direzione dello stesso periodico con la quale si riprovò una tale dichiarazione come poco conveniente alla dignità del Vicario Generale e contro lo spirito del canone 370 § 1. La Direzione, riferendosi alle osservazioni fatte "*da più parti anche autorevoli*" crede che il

---

[17] Monitore Ecclesiastico, 1926, VIII, pag. 123.
[18] Monitore Ecclesiastico, 1920, pag. 80.

Vicario Generale, come tale debba essere compreso, anche se non espressamente menzionato, tra le dignità capitolari che in virtù del canone 416, sono esenti dal servizio all'altare per turno. "...il Vicario Generale, non è come tale una dignità *capitolare*, è però una tale dignità ecclesiastica cui pel can. 370 § 1, debbono cedere anche in coro, tutte le altre; l'esenzione stabilita nel can. 416, (ove certo non era luogo inserire anche il Vicario Generale) a favore di queste, vige quindi, *a fortiori*, per lui. È perciò anche assurda la supposizione che si fa nel n. 1° "*con gli stessi paramenti*" degli altri; per la ragione accennata, gli spetta invece di pararsi, quando deve pararsi, come le dignità, cioè in piviale e quindi precedere tutti. Speriamo che su questa materia vengano presto più precise disposizioni, ed intanto chiediamo scusa ai lettori dell'errore *non nostro.*" [19] D'Angelo discute questa controversia con un fine sarcasmo contro la Direzione che "....si sente il dovere di *chiedere scusa* di errore "non suo" circa la poco *esattezza* e la *supposizione assurda* rinvenute in quelle modeste vedute. Che di un più preciso regolamento in materia ci sia bisogno, egli continua, lo riconosciamo tutti; che questo abbia ad emettersi in conformità delle savie vedute della Direzione del *Monitore e delle parti.... autorevoli* che hanno fatte osservazioni, lo crediamo benissimo; ma che a tenore delle leggi esistenti, quelle interpretazioni constituiscano *errore, inesattezza, supposizione assurda*, ci pare almeno un'asserzione azzardata; e potremo addurre i motivi. Speriamo che davvero vengano queste più precise disposizioni le quali risolvano le difficoltà prattiche su tale punto, tenendo conto, specialmente dei capitoli

[19] Monitore Ecclesiastico, 1920, pag. 148, nota. Questo atteggiamento la Direzione conserva più tardi, quando nel 1927, tra le "brevi risposte" dà la seguente: "Abbiamo già detto altre volte, e manteniamo fino a contraria disposizione dell'autorità competente, che in forza del canone 370, il Vicario Generale anche se appartenga all'ordine Suddiaconale (nei capitoli e tre Ordini) nelle sacre funzioni deve indossare sempre il Piviale, dovendo precedere anche le Dignità. Non già fare da prete assistente, essendo ciò annesso all'ufficio, non alla precedenza". Cfr. Monitore Eccl. 1927, pag. 57.

cattedrali." [20] Quello che è curioso in questa controversia è che ambo le parti sembrano poco sicure della forza dei loro argomenti ed unanimamente convengono che migliori schiarimenti sono necessarii su questa materia. Per quanto l'opinione della Direzione sembri più logica e conveniente, pure gli argomenti della prima opinione, che il D'Angelo difende, sono più giuridici, nelle attuali circostanze, quindi, almeno per ciò che riguarda gli atti strettamente liturgici, la precedenza del Vicario Generale dovrebbe essere regolata dalle decisioni della S. Congregazione di Riti." Non tamen, præcedentiam habet," dice il De Meester, citando su questo riguardo una decisione della S.C. dei Riti data nel 1904, "super canonicos paratos, seu sacris vestibus (pluviali, dalmatica) indutos." Cfr. Causa Minoricen., 14 Jan. 1904. A.A.S. t. I, pag. 262." [21] Non essendo però ancora venuti i desiderati schiarimenti dalla competente autorità, anche noi ci uniamo nell'esprimere il nostro desiderio che Roma intervenga con la sua parola autoritativa per por fine a tale controversia.

Un'altra questione che possiamo domandarci trattando del Vicario Generale nelle sue relazioni col Coro, è quella delle distribuzioni. È ormai chiaro che, intervenendo egli al coro con veste canonicale, o vicariale, ha sempre la precedenza, però avrà egli diritto alle distribuzioni se interviene al coro con la veste Vicariale, ovvero perchè possa averne diritto sarà obbligato ad intervenire in abito corale? Prima del codice era dottrina comune che il Vicario Generale doveva indossare la veste canonicale se voleva percepire le distribuzioni. Questa dottrina venne più volte confermata dalle risposte della S. Congregazione dei Riti,[22] per quanto non mancarono autori dell'opinione contraria.[23] Dopo il codice, la risposta non è tanto facile perchè anche quì i Dottori si dividono. "Quoad vero ad distributiones lucrandas etc." dice il Badii, "difficilior est

---

[20] D'Angelo, *op. cit.*, serie I, n. 3, pag. 22.

[21] De Meester, *op. cit.*. I. n. 371, nota n. 2.; Per altre decisioni simili cfr. Ferraris, *op. cit.*, *loc. cit.*, art. III, n. 16-21.

[22] Cfr. Ferraris, *op. cit.*, art. III. n. 12-13.

[23] D'Angelo, *op. cit.*, serie n. 3, pag. 24.

quæstio sed decretum S.C. Concilii consonum est tenere, habitum Protonotarii in Vicario Generali habere posse ut innuit Benedictus XIV, (Constitutio "Grave," 15 Aug. 1741) pro habitu canonicali ut Rocchetum et Mantelletum pro habitu canonicali in aliquibus dignitatibus haberetur. At quæstio ad S. R. C. spectat."[24] L'egregio autore si riferisce all'opinione che il Ferretti mantiene nel suo libro "De iure præcedentiæ Vicarii Generalis." D'Angelo, invece, ritiene che la risposta a questa domanda dipende interamente dall'interpretazione che si dà al canone 409 § 1, dove si stabilisce che "In unaquaque ecclesia tum cathedrali tum collegiali, qui in dignitate episcopali sunt constituti, deferant in choro vestem episcopalem; ceteri omnes, dignitates, canonici, et beneficiarii, vestem sibi in bulla erectionis assignatam vel apostolico indulto concessam; secus censeantur absentes." Secondo l'illustre autore, il canone 409 abroga indistintamente tutte le concessioni ottenute prima del codice, non esclusa la prima dignità, quindi tutti, e perciò anche il Vicario Generale che sia canonico, devono indossare l'abito corale ovvero l'abito che ognuno può aver ottenuto per mezzo di un indulto speciale. Se il Vicario possa o no far uso dell'abito suo prelatizio, "Dipende dal valore che si da al *sibi* del citato canone; per cui se esso si riferisce ai singoli, ammessa la forza disgiuntiva del *vel*, anche i prelati, dignità o non dignità, potrebbero in tale ipotesi, usare il loro abito prelatizio invece del corale, ma se si riferisce, come crediamo, a *cæteri omnes*, incluso perciò il Vivario Generale, non ci pare troppo logica la interpretazione del Ferretti il quale inclina a ritenere consono al decreto del Concilio del 17 Maggio 1919 che il Vicario Generale possa far uso dell'abito prelatizio invece del canonicale, guadagnando le distribuzioni. Occorrerebbe, egli conclude, venisse definito dal S.C. dei Riti, competente in materia."[25] Il Blat,[26] ed il De Meester,[27] sono della stessa opinione, e noi crediamo

---

[24] Badii, *Institutiones iuris canonici*, pag. 220.
[25] D'Angelo, *op. cit.*, *loc. cit.*
[26] *Commentarium textus iuris canonici*, II, n. 449.
[27] De Meester, *op. cit.*, II, n. 764.

che fino a disposizione in contrario da parte dell'autorità competente, si possa ritenere come più probabile che il Vicario Generale partecipante in coro con veste prelatizia, non ha diritto alle distribuzioni. Il codice non intende distruggere il valore delle leggi liturgiche anteriori alla Pentecoste del 1918, se perciò la S. Congregazione dei Riti aveva disposto che indossando l'abito prelatizio, il Vicario Generale, aveva diritto alla precedenza, ma non alle distribuzioni,[28] checchè sia della riforma giuridica circa la precedenza, immutata dovrebbe rimanere, almeno fino a nuova disposizione liturgica, l'antica disciplina circa l'abito da indossare e le sue conseguenze.

È bene, infine quì notare che se il Vicario Generale canonico, per dovere di officio fosse obbligato ad assentarsi dal coro o non vi potesse intervenire, si considera come presente per quanto riguarda la percezione delle prebende non però delle distribuzioni, a meno che le prebende stesse consistano interamente delle distribuzioni. In quest'ultimo caso, egli ha diritto a due terzi. Cfr. can. 241 § 1, n. 3° e § 2.

ARTICOLO III.

PRIVILEGI

Canone 370 § 2. Si Vicarius Generalis sit Episcopus.....

§ 1. *Il Vicario Generale Vescovo.*

Se il Vicario Generale è insignito del carattere episcopale, ha diritto a tutti gli onori e privilegii che il codice concede ai Vescovi titolari. Egli perciò:

1) Dal momento della ricezione autentica dell'avvenuta provvisione canonica ha il privilegio:

a) di celebrare sopra un'altare portabile non solo in casa, ma dovunque si trovi, e di permettere che si celebri Messa alla sua presenza.

---

[28] Cfr. Ferraris, *op. cit.*, Art. III, n. 12-13-14-15.

b) di celebrare in mare.

c) di celebrare, in qualsiasi chiesa od oratorio, la Messa conforme al proprio calendario.

d) di avere l'altare personale privilegiato giornaliero.

e) di lucrare nella propria cappella indulgenze per lucrare le quali si richiederebbe, altrimenti, la visita a qualche chiesa od oratorio pubblico; questo privilegio si estende anche ai suoi familiari.

f) di benedire, dovunque, fuori di Roma, il popolo a modo dei Vescovi;[29] in Roma questo privilegio si può usare solamente entro le chiese, in luoghi pii ed adunanze di fedeli.

g) di eleggersi un sacerdote confessore per sè e per i suoi familiari, il quale, se non avesse giurisdizione, l'otterrebbe *ipso iure* anche per i peccati e censure riservate all'Ordinario del luogo.

h) di predicare dovunque, salvo però il consenso, almeno presunto, dell'Ordinario del luogo.

i) di celebrare o permettere che si celebri una Messa alla sua presenza nel giovedì santo e tre Messe nella notte di Natale a meno che non debba celebrare nella Cattedrale.

l) di benedire, *ritibus tamen ab Ecclesia præscriptis*," con un solo segno di croce ed applicarvi tutte le indulgenze che sogliono essere concesse dalla S. Sede, rosari, croci, medaglie, di benedire ed imporre, senza l'obbligo di ascrizione, scapolari approvati dalla S. Sede.

m) di erigere, nelle chiese, oratori pubblici e privati, ed in altri luoghi sacri, con un'unica benedizione, le stazioni della *Via Crucis*, con tutte le indulgenze che vi sono annesse e di benedire, per i fedeli che per malattia od altro legittimo impedimento non possono visitare le Stazioni della *Via Crucis*, crocefissi ed immagini, applicandovi tutte le indulgenze che i Pontefici applicarono all'esercizio della *Via Crucis*.

n) di indossare le insegne vescovili a norma delle leggi liturgiche.[30]

---

29 S. C. Rituum, 26 Nov. 1919, A. A. S. vol. XI, pag.

30 Cfr. Can. 349 § 1.

2) Egli può, inoltre usare lo zucchetto e l'anello, can. 811 § 2) ed avere un prete assistente durante la celebrazione della Messa. (can. 812)

3) Non è astretto dalla proibizione ecclesiastica per la lettura dei libri. (can. 1401)

4) Non è obbligato a comparire per testificare nel tribunale ecclesiastico e si può scegliere il luogo per fare ciò. (can. 1770 § 2, n. 1)

5) Non può essere forzato ad apparire di fronte ad un giudice governativo senza il permesso della Santa Sede, (can. 120 § 1) e se qualcuno attentasse di costringerlo incorrerebbe scommunica "*latæ sententiæ*" riservata *simpliciter* alla Santa Sede. (can. 2341)[31]

6) Solo il Romano Pontefice ha il diritto di giudicarlo nelle cause criminali. (can. 1557 § 1, n. 3°)

7) Non incorre pene *latæ sententiæ suspensionis et interdicti*, a meno che non venga esplicitamente monimato. (can. 2227 § 2)[32]

8) Ognuno che "*violentas manus iniecerit*" sopra di lui, incorrerebbe scommunica *latæ sententiæ* riservata *speciali modo* alla S. Sede. (can. 2343)

9) Non sarà superfluo ricordare che, se egli è Vescovo, ha precedenza, in diocesi, su tutti i chierici, compresi anche quelli che fossero insigniti del carattere episcopale. (can. 370 § 1) e, se canonico, interviene al coro con veste episcopale ed ha diritto alle distribuzioni. (can. 409 § 1)

10) Pur non essendo obbligato, è conveniente che, *ex charitate*, celebri, ogni tanto, la S. Messa per la diocesi.

---

[31] Si noti però che essendo, il Vicario Generale, Ordinario del luogo, può darsi il caso che invece di essere *simpliciter* riservata, lo sia *speciali* modo e ciò potrebbe avvenire se fosse forzato ad apparire da uno dei suoi sudditi, di cui egli è l'ordinario proprio. Cfr. lo stesso canone 2341.

[32] È esplicitamente nominato nei canoni 2370-2373 e 2332.

§ 2. *Il Vicario Generale non Vescovo.*

Se il Vicario Generale non è Vescovo, durante l'officio, ha tutti i privilegi ed insegne del Protonotario Apostolico Titolare. Il Protonotario Apostolico Titolare appartiene alla quarta ed ultima classe dei Protonotarii Apostolici, i primi essendo i Protonotarii *Partecipantes* il cui numero è limitato a sette solamente, i secondo i Protonotarii *Soprannumerarii* ed i terzi i Protonotarii *ad instar.*[33]

Questo titolo fu conferito al Vicario Generale, per la prima volta, da Pio X col suo *motu proprio*, "Inter Multiplices" del 1905. "Pariter, qui Vicarii Generalis aut etiam Capitularis numere fungitur, hoc munere dumtaxat permanente, erit Protonotarius Titularis: hinc si Dignitate aut Canonicatu in Cathedrali non gaudeat, quando choro interesse velit, habitu Protonotarii prælatitio, qui infra præscritur, iure utetur." [34] Con il titolo di Protonotario Apostolico Titolare, dunque il Vicario Generale non Vescovo, avrà diritto ai seguenti privilegi ed onori:

1) Dovunque, fuori di Roma, a meno che il Romano Pontefice non sia presente, ovvero egli non voglia intervenire nella sua qualità di Vicario Generale, potrà indossare, nelle sacre funzioni, l'abito prelatizio proprio dei Protonotarii Titolai il quale è formato della veste talare con la coda (che però non può essere mai spiegata), della fascia di seta con due fiocchi pendenti al lato sinistro, del rocchetto, della mantelletta e berretta; tutto, ad eccezione, s'intende, del rocchetto, deve essere nero, senza ornamenti o cuciture di colore diverso dal nero.

2) Fuoi di Roma, se il Pontefice fosse presente, potrà indosare quest'abito prelatizio, solamente se egli interviene come Vicario Generale.

3) Indossando l'abito prelatizio, non farà genuflessione

---

[33] *American Ecclesiastical Review*, vol. XXXIII, (1905) pag. 74.; Vermeersch-Creusen, *op. cit.*. I, n. 396, II.

[34] "*Inter Multiplices*". n. 62. American Eccl. Rev. vol. XXXII, pag. 626.

alla croce o al Vescovo, ma solamente inchino ed è turiferato con doppio tiro.

4) Nell'abito quotidiano in occasione di adunanze solenni, udienze e cose simili, anche in Roma ed alla presenza del Romano Pontefice, potrà portare la fascia di seta nera con fiocchi parimenti neri, ed il cappello con lacci e fiocchi neri.

5) Potrà imporre alla proprie insegne o stemma, il cappello nero con striscie a sei fiocchi parimenti neri pendenti ai due lati.

6) Fuori di Roma, nel celebrar Messa e Vesperi solenni, e, parimenti nelle Messe lette ed altre funzioni più solenni potrà usare la *Bugia*.

7) Avrà il diritto a valersi di tutti questi privilegi ed onori, subito dopo la nomina, però nei soli limiti della sua diocesi.

8) Avrà diritto a questi onori e privilegii solamente fino a che rimane in officio; cessato questo, cessa tutto.[35]

9) E, finalmente, essendo egli *durante munere* costituito in dignità ecclesiastica, è un vero Prelato *extra Urbem* e, come tale, gli compete anche il titolo di Monsignore, per quanto egli non sia annoverato tra i familiari della Corte Pontificia.[36]

ARTICOLO IV.

SALARIO

Il Vicario Generale, anche se precedentemente non fu fatto alcun contratto, ha diritto, *durante numere*, ad un salario per un sostentamento onesto, decoroso e proprio al suo officio. Il Vicariato Generale, infatti, come abbiam visto, non è un beneficio, ma un officio e, poichè "*....meno cogitur suis stipendiis militare....*" [37] il Vescovo è tenuto a dargli una giusta

---

[35] *Inter Multiplices*, n. 63-76. American Eccl. Rev., *loc. cit.*
[36] D'Angelo, *op. cit.*, serie I, n. 3. pag. 23.
[37] Leurenio, *op. cit.*, quest. CCLXXXIV.

retribuzione,[38] anche se egli fosse canonico o avesse qualsiasi altro beneficio, poichè nessuno è tenuto a dare l'opera sua gratis per gli altri. Gli antichi Dottori insegnavano che il Vescovo era tenuto a dedurre il salario per il suo Vicario Generale dalla sua mensa,[39] e la Congregazione dei Vescovi e Regolari, il 16 Ottobre 1604, dichiarò che esso non poteva essere dedotto dagli emolumenti della Cancelleria.[40] Oggi, però, senza una disposizione specifica del codice, si hanno vari modi per provvederlo che differiscono a seconda dei luoghi e circostanze. In alcune Nazioni, il salario per il Vicario Generale è provveduto dal Governo.[41] In questi casi, però, bene spesso, si fanno delle restrizioni alla libertà del Vescovo nell'eleggere il suo Vicario.[42] In altre, si provvede con redditi beneficiali o con parte dei frutti della mensa; altrove, e molto spesso, contrariamente alla sopra accennata decisione della Congregazione, con tasse di Cancelleria, e quasi dappertutto, generalmente, si provvede ad esso con deduzione parziale da tutte queste fonti unite insieme.[43] L'obbligo di pagare il salario grava sul Vescovo e, se, con la morte di lui, il Vicario Generale fosse rimasto ad avere il salario di mesi addietrati, non tocca al Vescovo successore di soddisfare a quest'obbligo, ma al Capitolo o Ceto dei Consultori che provvederà il denaro col desumerlo dai beni della diocesi vacante.[44]

---

[38] Wernz-Vidal, *op. cit.*, II, n. 642.

[39] Leurenio, *op. cit.*, quest. CCLXXXIX.

[40] Ferraris, *op. cit.*, *loc. cit.*, Art. II, n. 15, 16.

[41] In Italia, negli atti della Corte dei Conti del 20 Settembre 1921, si legge che, dopo un lungo dibattito, il Conciglio di Stato, nel suo parere del 7 Gennaio 1918, dichiarò di potersi mettere al passivo la spesa dell'assegno ai Vicari Generali fino al massimo di L. 1000. Cfr. *Montore Eccl.*, 1927, pag. 17.

[42] Wernz-Vidal, *op. cit.*, *loc. cit.*

[43] Cocchi, *Commentarium*, III, n. 286.; *Monitore Eccl.*, 1924, pag. 91.

[44] Leurenio, *op. cit.*, *quest.* CCLXXXVII, CCLXXXIX.

ARTICOLO V.

CESSAZIONE E SOSPENSIONE DEL SUO OFFICIO

Canone 371. Expirat Vicarii Generalis iurisdictio per ipsius renuntiationem ad norman can. 183-191, aut per revocationem ei ab Episcopo intimatam, aut sedis episcopalis vacationem; suspenditur vero suspensa episcopali iurisdictione.

§ 1. *Cessazione*

L'officio del Vicario Generale, come tutti gli altri officii, ha la sua fine, e questo canone stabilisce appunto i vari modi, (alcuni dei quali, per esempio, rinunzia, sono comuni ad ogni officio ecclesiastico, altri, invece, del tutto peculiari al suo) con cui la cessazione di quest'officio può avvenire. Senza tener conto del caso di morte, "*mors enim omnia solvit,*[45] l'officio del Vicario Generale cessa:

1) per rinunzia,
2) per revoca,
3) per vacanza della sede episcopale.

Rinunzia.

Il primo modo con cui l'officio del Vicario Generale può cessare è, per mezzo di rinunzia, sia essa espressa o tacita, fatta a norma del diritto canonico. La rinuncia espressa si fa legittimamente manifestando la propria volontà, a parole o in iscritto, al Superiore competente; la tacita, invece, trae origine da un fatto libero, onesto o gravemente colpevole che, per natura sua o per diritto, porta con se la cessazione dell'officio.[46] Si ha rinuncia espressa e valida, a norma del diritto canonico:

1) se non è vietata da proibizione speciale e fatta, per giusta causa, da chi è *compos sui.* (can. 184.)

---

[45] Leurenio, *op. cit.*, quest. CCXC.
[46] Vermeersch-Cruesen, *Epitome*, I. n. 264.

2) se fatta liberamente, senza cioè, timore, inganno o errore sostanziale. (can. 185.)

3) se consegnata personalmente o per procuratore in iscritto, ovvero se fatta anche oralmente, ma alla presenza di due testimonii. (can. 186.)

4) se presentata a chi ha il diritto di accettarla ed accattata dal medesimo. (can. 187.)

Si ha invece la rinuncia tacita e valida a norma del diritto:

1) se si emette la professione religiosa,

2) se non si prende l'amministrazione dell'officio durante il tempo utile stabilito dal codice,

3) se si accetta un officio che sia incompetente col primo,

4) se si diviene apostati o in qualunque modo si rifiuta la fede cattolica,

5) se si attenta il matrimonio anche civile solamente,

6) se, contro le disposizioni del canone 141, si va volontari al servizio militare,

7) se si depone l'abito ecclesiastico e, dentro un mese dell'ammonizione dell'Ordinario, non si riindossa.

8) Se si lascia illegittimamente la residenza a cui si è tenuti ed, entro il tempo determinato dall'Ordinario e non detenuto da un legittimo impedimento, non si risponde nè si obbedisce. (can. 188.)

Il Vicario Generale è libero di fare la rinuncia espressa del suo officio in tutti e quattro i modi stabiliti dal codice ad ogni momento dopo di aver assunto l'officio, però acciocchè la sua rinunzia prenda effetto, deve essere prima stata accettata dal Vescovo che lo costituì in officio, ed è solo dal momento in cui egli riceve notizia dell'accettazione da parte del Vescovo, che diviene libero dal suo officio. Egli può parimenti, rinunciare tacitamente al suo officio coll'emettere la professione religiosa o coll'accettare un officio incompetente con quello di Vicario, per esempio quello di Canonico Penitenziare della Cattedrale. In questi due casi non si richiede neppure l'accettazione della rinunzia da parte del Superiore competente, perchè egli diviene libero *ipso facto* per disposizione del diritto. Nè, naturalmente, sarebbe necessaria la notizia dell'accettazione, se egli, per disgrazia, dovesse rinunziare implicitamente il suo officio nel modi descritti del numero 2, 4, 5, 6, 7 ed 8, perchè, in questi casi, più che rinunciare il suo officio, egli lo perderebbe "*ad poenam.*"

Revoca.

L'officio del Vicario Generale cessa ancora per revoca, sia essa lecita o illecita, fatta dal suo Vescovo. "*Per quas causas nascitur, per eas etiam dissolvitur,*" come può il Vescovo liberamente nominarlo, così può liberamente rimuoverlo.[47] Una revoca illecita, per quanto dia al Vicario Generale diritto a ricorso, fa cessare la sua giurisdizione. Questa revoca deve essere intimata a lui in modo determinato, dal Vescovo stesso o da persona appositamente incaricata da lui, nè è sufficiente che il Vescovo manifesti semplicemente il suo desiderio di volerlo rimuovere dall'officio, quindi, fino a che non si ha questa intimazione formale, tutti gli atti antecedentemente posti dal Vicario Generale, sono validi e leciti.[48] Questa revoca il Vescovo può intimarla anche in modo indiretto, purchè renda chiara la sua volontà di volerlo esonerare dal suo officio. Così, la nomina di un secondo Vicario Generale che prenda il posto del primo, può essere un mezzo implicito con cui il Vescovo può intimare la sua revoca, se egli ordina che, a suo nome, e con sua autorità, venga mostrato al primo Vicario il documento di nomina del secondo, nel quale si dichiara che questi debba assumere l'officio di quello.[49] Il Vescovo non rievochi la nomina del suo Vicario senza giuste ragioni, perchè, per quanto l'officio sia amovibile *ad nutum*, non è d'altra parte, amovibile ad arbitrio, e la possibilità di ledere l'onore di un ecclesiastico lo renda prudente nella sua determinazione. Una amozione ingiusta, dà il diritto al Vicario Generale di ricor-

---

[47] Leurenio, *op. cit.*, *loc. cit.;* Wernz-Vidal, II, n. 643.; Cfr. Can. 366 § 2.

[48] Wernz-Vidal, *op. cit.*, *loc. cit.;* Leurenio, *op. cit.*, *loc. cit.*

[49] Leurenio, *op. cit.*, *loc. cit.*

rere alla Santa Sede per risarcimento dell'onore che potrebbe essergli stato leso.[50] Quali siano le cause giuste perchè il Vescovo possa procedere all'amozione, resta più che ad altri, al Vescovo stesso il determinarlo. Il Ferraris ne enumera otto e le desume tutte da risposte date dalla Congregazione dei Vescovi e Regolari in diverse occasioni,[51] ed oggi noi crediamo che il Vescovo possa, con prudenza, ma senza timore, procedere all'amozione se il Vicario Generale non obbedisse alle prescrizioni del codice; se esercitasse con apatia l'officio; venisse meno ai suoi doveri ripetutamente e, dopo ammonizioni non desse segni di interessamento; se si mostrasse indipendente ed insubordinato al Vescovo; se avesse dato qualche grave scandalo in diocesi; se in varie occasioni avesse dimostrato di non essere prudente e circospetto; se non fosse ben voluto dal clero e dal popolo e si avesse contro di lui l'*odium plebis;* ed altre circostanze di simile natura.

Tutti gli atti che il Vicario avesse posti prima che la notificazione formale della revoca gli sia pervenuta, sono validi e leciti, anche se egli avesse già saputo della revoca da altri in confidenza. La sua giurisdizione, infatti, cessa solamente al momento in cui la revoca viene intimata a lui formalmente dalla autorità competente. Ricevuta la notizia officiale, la sua giurisdizione cessa anche per quegli atti che non avesse ancora finiti di compiere.

Per vacanza della Sede Vescovile.

L'ultimo modo con cui l'officio del Vicarii Generale può cessare, è mediante la vacazione della sede vescovile. Si ha sede vacante in tre modi.

1) Con la morte naturale del Vescovo.

2) Con la sua rimozione o trasferimento ad un'altra diocesi.[50]

3) Con la rinunzia che sia stata accettata dal Papa, ovvero col suo legittimo ingresso in religione.

---

[50] Coronata, *Institutiones Iuris Canonici,* I, n. 424, nota 6.

Quando, dunque uno di questi casi si verifichi, la giurisdizione del Vicario Generale cessa di esistere. Quì, nuovamente, bisogna notare che, acciocchè la sua giurisdizione cessi, egli deve aver ricevuta notizia certa della vacanza e, ad eccezione della collazione di benefici ed offici ecclesiastici, saranno validi tutti gli atti posti da lui anteriormente alla notizia, anche se essa dovesse giungere molto tempo dopo la vacanza della Sede.[51].

§ 2. *Sospenzione*

"*Suspenditur vero, suspensa Episcopi iurisdictione.*" E, finalmente, la giurisdizione del Vicario Generale, oltre a sospendersi con il mezzo comune con cui ogni giurisdizione ecclesiastica si sospende, coll'incorrere cioè censure ecclesiastiche personali, (Cfr. Can. 2263, 2275, 2279.) si sospende ancora ogni volta che quella del suo Vescovo venisse sospesa. Questo è un modo di sospensione di giurisdizione tutto particolare dell'officio del Vicario Generale, perchè egli costituisce, con suo Vescovo, un solo tribunale, una sola giurisdizione. Allo stesso modo, quindi, che cessa la sua giurisdizione, cessante quella del Vescovo, così, rimarrà essa sospesa ogni volta che essa venisse sospesa. "*Accessorium naturam sequi congruit principalis, Reg. Juris, XLII, in VI°.*[52]

Tre sono i modi con cui la giurisdizione del Vescovo può

---

[51] Ferraris, *op. cit.*, *loc. cit.*, art. IV, n. 29.

[52] Dal momento che si riceve la notizia certa della translazione del Vescovo, la diocesi *a qua*, diviene vacante, ma non nel senso stretto della parola, perchè essa diviene *plene* vacante solo dal giorno in cui il Vescovo ha preso possesso della nuova diocesi. In quanto all'officio del Vicario Generale, peraltro, essa si considera *plene* vacante dal giorno in cui si ha notizia certa della translazione. "*A certa translationis notitia Episcopus intra quatuor menses debet dioecesim* ad quam *petere eiusdemque canonicam possessionem assumere ad norman can. 333,-334 et a die captae possessionis dioecesis* a qua *plene vacant; interim vero in eadem Episcopus:*

1) Vicarii Capitularis potestatem obtinet eiusdemque obligationibus tenetur, cessante qualibet Vicarii Generalis potestate;" Cfr. Can. 430, § 3.

essere sospesa, incorrendo egli, cioè, scommunica, o interdetto, o sospensione,[53] ed in ognuno di essi, la giurisdizione del Vicario Generale segue gli stessi destini. Appena, però, assolto dalla scommunica, sospensione o interdetto, il Vescovo riprende l'esercizio della sua giurisdizione, lo riprenderà anche, *ipso facto*, il suo Vicario Generale, a meno che il Vescovo, nel riassumere la sua, non l'avesse esonerato dal suo officio. Sarà superfluo notare che, con la sospensione della giurisdizione del Vescovo, si sospende solamente la giurisdizione che il suo Vicario possiede in virtù del suo officio, e quella che egli avesse potuto ottenere dal Vescovo per mezzo di mandato speciale, quindi, oltre all'esercizio della sua giurisdizione di ordine, il Vicario riterrà l'esercizio di tutte quelle altre facoltà che egli avesse potuto, personalmente ottenere da altri fonti. Oggi è ben definito che la sua giurisdizione non si sospende se quella del suo Vescovo venisse impedita a norma del canone 429 di cui noi abbiamo trattato nel secondo capitolo, ed è, parimenti certo, che, cessata o sospesa la sua giurisdizione, egli non è mai tenuto al *Syndicatum*, a dare, cioè conto della sua amministrazione al Successore del Vescovo.

FINE.

---

[53] Cfr. can. 430, § 1, 2.
[54] Cfr. Blat, *op. cit.*, II, pag. 401.
[55] Cfr. can. 429, § 6.

BIBLIOGRAFIA.

Fonti

AAS.—*Acta Apostolicae Sedis*, 22 vol., Romae, 1909-1930.

ASS.—*Acta Sanctae Sedis*, 41 vol., Romae, 1865-1909.

Bizzari, Andreas, *Collectanea in usum Secretariae Sacrae Congregationis Episcorum et Regularium edita*, Romae, 1885.

Canones et decreta Concilii Tridentini, Taurini, 1913.

Codex Iuris Canonici Pii X Pontificis Maximi iussu digestus Benedicti Papae XV auctoritate promulgatus, Romae, 1927.

Codex Theodosianus, P. Krueger, Th. Momsen, P. M. Meyer. 3 vol., Berolini, 1905.

Collectanea Sacrae Congregationis de Propaganda Fide, 2 vol., Romae, 1907.

Collectio Lacensis, Acta et Decreta Sacrorum Conciliorum Recentiorum, Friburgi Brisgaviae, 1882.

Corpus Iuris Civilis, vol., 3, Berolini, 1928-1929.

Decretales Gregori Papae IX, Romae, 1582.

Decretum Gratiani emendatum et notationibus illustratum una cum glossis Gregorii XIII Pont. Max. iussu editum, 2 vol., Romae, 1582.

Liber Sextus Decretalium D. Bonifacii VIII, Romae, 1582.

Pallottini, Salvator, *Collectio omnium Conclusionum et Resolutionum quae in causis propositis apud Sacram Cong. Cardinalium S. Concilii Tridentini interpretum prodierunt*, Romae, 1882.

Sacrae Romanae Rotae Decisiones Recentiores a Paulo Robeo et I. O. Romano selectae, Partes XIX, Romae, 1623-1682.

Autori, ed altre Fonti.

Annuario Pontificio, 1930, Città del Vaticano.

Augustine, Charles, *A Commentary on the new Code of Canon Law*, 8 vol., St. Louis, 1918-1922.

Ayrinhac, H. A., *General legislation in the New Code of Canon Law*, New York, 1923.

Badii, Caesar, *Institutiones Iuris Canonici*, 3 ediz., 2 vol., Florentiae, 1921.

Barbosa, Augustinus, *De Officio et Potestate Episcopi*, Lugduni, 1656.

Benedetto XIV, *De Synodo Diocesana*, 2 vol., Romae, 1806.

Blat, Albertus, *Commentarium textus iuris canonici*, 5 vol., Romae, 1921-1927.
Bingham, Ioseph, *Origines sive Antiquitates Ecclesiasticae*, 2 vol., Halae, 1725.
Bouix, D. *Tractatus de iudiciis ecclesiasticis*, 2 vol., Paris, 1883.
Bury,, J. B., *History of the Later Roman Empire*, London, 1923.
Cappello, Felicis, M. S. H., *Summa Iuris Canonici in usum scholarum concinata*, 2 vol., Romae, 1928.
Cayo, Castillo, *Disertacio Historico-canonica sobre la potestad del Cabildo en Sede Vacante o impedita del Vicario Capitular*, Washington, D. C., 1918.
Chelodi, Joannes, *Ius de Personis iuxta Codicem Iuris Canonici*, edito altera, Tridenti, 1927.
Catholic Encyclopedia (The), New York.
Cocchi, Guidus, *Commentarium ad Codicem Iuris Canonici*, 8 col., 2 ediz. Taurinorum Augustae, 1926.
Coronata, Matthaeus, Conte, A. O. M. C., *Institutiones Iuris Canonici*, vol. I, Taurini (Italia), 1928.
Costa, Emilio, *Storia del Diritto Romano Pubblico*, Firenze, G. Barbera, 1920.
D'Angelo, Mongr. Sosio, *La Curia Diocesana a norma del Codice del diritto Canonico*, Serie I, n. 3, Organizzazione-Ordinamento, Giarre, (Sicilia) 1922.
D'Angelo, Monsg. Sosio, *La Curia Diocesana a norma del Codice del Diritto Canonico*, Serie I, n. 4, 5, Funzionamento, Giarre, (Sicilia) 1928.
De Meester, A., D. J. C., *Iuris Canonici et Iuris canonico-civilis Compendium*, Nova editio, 3 vol., Brugis, 1921, 1928.
Devoti, Joannes, *Institutiones Canonicae*, 2 vol., Leodini, 1883.
Dictionaire des Antiquités Grêcques et Romaines, 6 Tom., Paris, 1873.
Dugan, Francis, Henry, *The judiciary Department of the Diocesan Curia*, Washington, D. C., 1925.
Enciclopedia Universal ilustrada Europeo Americana, Barcellona.
Ferraris, F. Lucius, *Bibliotheca Canonico, Juridica, Moralis Theologica*, 8 vol., Romae, 1890.
Forcellini, *Lexicon Totius Latinitatis*, 4 vol., Patavii, 1887.
Fournier, Edoard, *Les origines du Vicaire Général*, Paris, 1922.
Fournier, Edoard, *Le Vicaire Génêral au moyen-âge*, Paris, 1923.
Gennari, Card. Casimiro, *Questioni Canoniche*, Roma, 1908.
Gottlob, Theodor, *Der abendländische chorepiskopat*, Bon, Kurt Scroeder, 1928.
Hermes, Henricus, Joseph, *De Capitulo Sede Vacante vel impedita et de Vicario Capitulari*, Lovanii, 1873.
Hinschius, Paulus, *Decretales Pseudo-Isidorianae et Capitula*, Lipsiae 1863.
Kearney, Raymond, A., *The Principles of Delegation*, Washington, D. C., 1929.

Leurenius, Petrus, *Forum Beneficiale*, Romae, 1752.

Mansi, Joannes, Dominicus, *Sacrorum Conciliorum Nova et Amplissima Collectio*, 53 vol., Florentiae, 1759, Arnehem (Pay Bos) et Scipzig, 1927.

Maroto, Philippus, *Institutiones Iuris Canonici ad Norman Novi Codicis*, 2 vol., Romae, 1919.

Migne, J. P., *Patrologiae cursus completus. Serie Latina*, 221 vol., Parisis, 1844, 1855.

Mothon, J. Pie, O. P. *Institutions canoniques à l'usage des curies Episcopales du clerge paroissial, et des familles religieuses*, 2 vol., Paris, 1922.

Ojetti, B., S. J., *Commentarium in Codicem Juris Canonici*, 3 vol., Romae, 1927.

O'Neill, H. William, *Papal Rescripts of Favor*, Washington, D. C., 1930.

Pellegrino, Carolus, *Praxis Vicariorum*, Venetiis, 1706.

Pontificale Romanum Clementis VIII ac Urbani VIII iussu editum, inde vero a Benedicto XIV recognitum et castigatum, 3 vol., Mechliniae, 1845.

Prümmer, D. M., O. P. *Manuale Iuris Canonici in usum clericorum praesertim illorum qui ad instituta religiosa pertinent*, 3 ediz. Friburgi, Brisgaviae, 1922..

Raus, P. J. B., C. SS. R., *Institutiones Canonicae*, Lugdunii, Parisiis, 1923.

Reffenstuel, Anacletus, *Jus Canonicum Universum*, 4 vol., Venetiis, 1735.

Santi, Franciscus, *Praelectiones Iuris Canonici iuxta ordinem decretalium*, 5 vol., Ratisbonae-Neo Eboraci & Cincinnatii, 1892.

Schalz, Carolus, *De Instituto Officialis sive Vicarii Generalis Episcopi*, Vratislaviae, 1899.

Schäfer, Timotheus, P., *Compendium De Reliogis ad Norman Codicis Iuris Canonici*, Münster, 1927.

Schmalzgrueber, R. P. Franciscus, *Jus Ecclesiasticum Universum*, 12 vol., Romae, 1844-1845.

Schroder, Alfred, *Entwicklung des Archidiakonats bis zuc elfyen Jahrhundert*, Augsburg, 1890.

Stutz, Ulrich, *Der Geist res "Codex Iuris Canonici"*, Stuttgart, 1918.

Thomassinus, L., *Vetus et Nova Ecclesiae Disciplina circa Beneficia et Beneficiarios*, 3 vol., Parisiis, 1688.

Tournely, Honoratus, *De Sacramento Ordinis*, Parisiis, 1742.

Van Espen, Bernardus, *Jus Canonicum Universum*, 5 vol., Lovanii, 1753.

Van Hove, A., *Commentarium Lovaniense in codicem iuris canonici editum a Magistris et Doctoribus Universitatis Lovaniensis*, vol. I, Tom. I, Prolegomena, Mechliniae. Romae, H. Dessain, 1928.

Vermeersch, A., S. J.-Cruesen, J., S. J., *Epitome Iuris Canonici cum Commentariis ad Scholas et ad Usum Privatum*, 3 vol., Mechliniae, Romae, 1927.

Vecchiotti, Seutimius, M., *Institutiones Canonicae*, 3 vol., Augustae Taurinorum, 1886.

Wernz, Franciscus, Xavier, S. J., *Jus Decretalium ad usum praelectionum in scholis Textus Canonici sive Iuris Decretalium*, vol. II, Romae, 1906.

Wernz-Vidal, S. J., *Jus Canonicum, auctore P. Francisco Xav. Wernz, S. J. ad codicis normam exactum opera P. Petri Vidal*, vol. II, V, VI, Romae, 1928.

Wilkins, Dav:d, *Concilia Magnae Britanniae et Hiberniae*, 4 vol., Laudini, 1737.

Woywod, Stanislaus, O. F. M., LL. B., *A practical Commentary on the Code of Canon Law*, 2 vol., New York, 1925.

Periodici

American Ecclesiastical Review, vol. 51, Philadelphia.

Ami du clergé (L'), Langres, 1923.

Analecta Juris Pontificii, Romae, 1858..

Apollinaris, Commentarium Iuridico-Canonicum, Romae, 1929.

Archiv für Katholisches Kirchenrect, (AKKR) Innsbruck, 1917.

Canoniste Contemporain, (Le), Paris, 1922.

Commentarium pro Religiosis, Romae, 1920.

Ephemerides Liturgicae, 1926-1929, Roma, 33.

Manumenta Germanica, Historica, Hannoverae, 1908.

Monitore Ecclesiastico, (Il), Roma, 1919-1930.

Moyen Age, (Le), Paris, 1923.

Periodica de re Morali, Canonica, Liturgica, Romae, 1923-1929.

Reveu D'histoire Ecclesiastique, Lovain, 1923.

UNIVERSITAS CATHOLICA AMERICAE

WASHINGTON, D. C.

FACULTAS JURIS CANONICI

1931

No. 66

DEUS LUX MEA.

TITULI

QUOS

AD DOCTORATUS GRADUM

IN

UTROQUE JURE

APUD UNIVERSITATEM CATHOLICAM AMERICAE

CONSEGUENDUM

PUBLICE PROPUGNABIT

MICHAEL ANGELUS CAMPAGNA

SACERDOS DIOECESIS WAYNE CASTRENSIS

IN UTROQUE JURE LICENTIATUS

HORA XI A. M. DIE XXVIII MAII MCMXXXI

TITULI

De Jure Canonico

I.	De Dissertatione.	
II.	De Historia Juris Canonici.	
III.	Canones 1-7	De Ambitu Codicis.
IV.	Canones 8-24	De Legibus Ecclesiasticis.
V.	Canones 25-30	De Consuetudine.
VI.	Canones 31-35	De temporis Supputatione.
VII.	Canones 36-62	De Rescriptis.
VIII.	Canones 63-79	De Privilegiis.
IX.	Canones 80-86	De Dispensationibus.
X.	Canones 87-107	De personis in genere.
XI.	Canones 118-123	De Iuribus et Privilegiis Clericorum.
XII.	Canones 124-144	De Obligationibus Clericorum.
XIII.	Canones 145-195	De Officiis Ecclesiasticis.
XIV.	Canones 196-210	De Potestare Ordinaria et Delegata.
XV.	Canones 211-212	De Reductione Clericorum ad Statum Laicale.
XVI.	Canones 487-498	De Notione Religionis, et de Erectione et Suppressione Religionis, provinciæ, Domus.
XVII.	Canones 499-517	De Superioribus et de Capitulis.
XVIII.	Canones 518-530	De Confessariis et Cappellanis.
XIX.	Canones 531-537	De Bonis Temporalibus eorumque Administratione.
XX.	Canones 532-541	De Postulatu.
XXI.	Canones 542-552	De Novitiatu et de Requisitis ad eius Admissionem.
XXII.	Canones 553-571	De Novitiorum Institutione.
XXIII.	Canones 572-586	De Professione Religiosa.
XXIV.	Canones 587-591	De Ratione Studiorum in Religionibus Clericalibus.
XXV.	Canones 592-612	De Obligationibus Religiosorum.
XXVI.	Canones 613-625	De Privilegiis Religiosorum.
XXVII.	Canones 637-645	De Egressu e Religione.
XXVIII.	Canones 647-648	De Dimissione Religiosorum qui vota temporalia Nuncuparunt.

XXIX.	Canones 654-672	De Processu Judiciali in Dimissione Religiosorum Qui Vota sive Perpetua sive Simplicia Nuncuparunt in Religione Clericali Exempta.
XXX.	Canones 673-681	De Societatibus sive Virorum sive Mulierum in Commini Viventium sine voto.
XXXI	Canones 1012-1018	De Matrimonio. in Genere.
XXXII.	Canones 1019-1034	De Iis Quæ Matrimonii Celebratione Præmitti debent.
XXXIII.	Canones 1035-1057	De Impedimentis in Genere.
XXXIV.	Canones 1058-1066	De Impedimentis Impedientibus.
XXXV.	Canones 1067-1080	De Impedimentis Dirimentibus.
XXXVI.	Canones 1081-1093	De Consensu Matrimoniali.
XXXVII.	Canones 1094-1103	De Forma Celebrationis Matrimonii.
XXXVIII.	Canones 1104-1107	De Matrimonio Conscientiæ.
XLIX.	Canones 1108-1109	De Tempore et Loco Celebrationis Matrimonii.
XL.	Canones 1110-1117	De Matrimonii Effectibus.
XLI.	Canones 1118-1132	De Separatione Coniugum.
XLII.	Canones 1133-1141	De Matrimonii Convalidatione.
XLIII.	Canones 1552-1568	De Notione Judicii et Foro Competenti.
XLIV.	Canones 1569-1607	De Variis Tribunalium Gradibus et Speciebus.
XLV.	Canones 1608-1645	De Disciplina in Tribunalibus Servanda.
XLVI.	Canones 1646-1666	De Partibus in Causa.
XLVII.	Canone s1667-1705	De Actionibus et Exceptionibus.
XLVIII.	Canones 1706-1725	De Causæ Introductione.
XLIX.	Canones 1726-1746	De Interrogatione Partium in Iudicio Faciendis.
L.	Canones 1754-1791	De Testibus et Attestantibus.
LI.	Canones 1792-1805	De Peritis.
LII.	Canones 1812-1824	De Probatione per Instrumenta.
LIII.	Canones 1868-1877	De Sententia.
LIV.	Canones 1960-1992	De Causis Matrimonialibus.
LV.	Canones 2147-2161	De Modo Procedenti in Amotione Parochorum Inamovibilium et Amovibilium.
LVI.	Canones 2162-2181	De Modo Procedendi in Traslatione Parochorum, de Modo Procedendi contra Clericos non Residentes et Concubinarios.

LVII.	Canones 2186-2194	De Modo Procedendi in Suspensione ex Informata Conscientia Infligenda.
LVIII.	Canones 2195-2199	De Natura Delicti Eiusque Divisione.
LIX.	Canones 2199-2211	De imputabilitate Delicti, de Causis Illam Aggravantibus vel Minuentibus et de Juridicis Delicti Effectibus.
LX.	Canones 2212-2213	De Conatu Delicti.
LXI.	Canones 2214-2240	De Poenis in Genere.
LXII.	Canones 2241-2285	De Poenis Medicinalibus seu de Censuris.
LXIII.	Canones 2286-2305	De Poenis Vindicativis.
LXIV.	Canones 2306-2311	De Remediis Poenalibus.
LXV.	Canones 2312-2313	De Poenitentiis.

DE IURE ROMANO.

LXVI. De Fontibus Iuris Romani.
LXVII. De Periodis Iuris Romani.
LXVIII. De Evolutione Iuris Romani.
LXIX. De Codificatione Justinianea.
LXX. De Interpolationibus.
LXXI. De Criteriis Interpolationes Cognoscendi.
LXXII. De Variis Interpretationis Scholis.
LXXIII. De Persona.
LXXIV. De Statu Libertatis.
LXXV. De Personiis in Municipii Causa.
LXXVI. De Legibus Aelia Sentia, Fufia Caninia, Junia Norbana.
LXXVII. De Statu Civitatis.
LXXVIII. De Capitis Diminutione.
LXXIX. De Statu Familiæ.
LXXX. De Patria Potestate.
LXXXI. De Adoptione et Adrogatione.
LXXXII. De Iustis Nuptiis.
LXXXIII. De Tutela.
LXXXIV. De Cura
LXXXV. De Rerum Acquisitionis Modis.
LXXXVI. De Iure Dominii.
LXXXVII. De Iure Possessionis.
LXXXVIII. De Iure in Re Aliena.
LXXXIX. De Successione Universali.
XC. De Obligationibus in Genere.
XCI. De Obligationibus Extra Contractuales.
XCII. De Furtu.

Vidit Facultas:
PHILIPPUS BERNARDINI, S. T. D., J. U. D., *Decanus.*
LUDOVICUS H. MOTRY, S. T. D., J. C. D. *a Secretis.*
VALENTINUS T. SCHAAF, O. F. M., J. D. C.
FRANCISCUS J. LARDONE, S. T. D., J. U. D.

Vidit Rector Magnificus Universitatis:
JACOBUS HUGO RYAN, Ph. D., S. T. D.

VITA.

Michele Angelo Campagna nacque a Casto dei Volsci, (Roma) il 5 settembre 1904. Dopo di aver frequentato le scuole elementari comunali nel paese nativo, entrò, successivamente, nel Seminario Diocesano di Veroli per il Corso Ginnasiale e nel Pontificio Collegio Leoniano di Anagni per il Corso di Filosofia e Teologia. Nell'anno 1927, terzo del suo corso teologico, si recò negli Stati Uniti di America dove, dopo di essere stato incardinato nella Diocesi di Fort Wayne, (Indiana), fu inviato, dal Vescovo John F. Noll D.D., al Seminario interdiocesano di Cincinnati Ohio per compiere il suo corso teologico. Nel Giugno del 1928 fu ordinato Sacerdote e, nel Settembre dello stesso anno, entrò nell'Università Cattolica di America dove conseguì il Baccellerato *in utroque iure* nel 1929 e la Licenza nel 1930.

CATHOLIC UNIVERSITY OF AMERICA

Canon Law Studies

1. FRERIKS, REV. CELESTINE A., C.PP.S., J.C.P., Religious Congregations in Their External Relations, 121 pp., 1916.
2. GALLIHER, REV. DANIEL M., O.P., J.C.D., Canonical Elections, 117 pp., 1917.
3. BORKOWSKI, REV. AURELIUS L., O.F.M., J.C.D., De Confraternitatibus Ecclesiasticis, 136 pp., 1918.
4. CASTILLO, REV. CAYO, J.C.D., Disertacion Historico-canonica sobre la Potestad del Cabildo en Sede Vacante o Impedida del Vicario Capitular, 99 pp., 1919 (1918).
5. KUBELBECK, REV. WILLIAM J., S.T.B., J.C.D., The Sacred Penitentiaria and Its Relations to Faculties of Ordinaries and Priests, 129 pp., 1918.
6. PETROVITS, REV. JOSEPH J. C., S.T.D., J.C.D., The New Church Law on Matrimony, X-461 pp., 1919.
7. HICKEY, REV. JOHN J., S.T.B., J.C.D., Irregularities and Simple Impediments in the New Code of Canon Law, 100 pp., 120.
8. KLEKOTKA, REV. PETER J., S.T.B., J.C.D., Diocesan Consultors, 179 pp., 1920.
9. WANNENMACHER, REV. FRANCIS, J.C.D., The Evidence in Ecclesiastical Procedute Affecting the Marriage Bond, 1920. (Not Printed.)
10. GOLDEN, REV. HENRY FRANCIS, J.C.D., Parochial Benefices in the New Code, IV-119 pp., 1921. (Printed 1925).
11. KOUDELKA, REV. CHARLES J., J.C.D., Pastors, Their Rights and Duties According to the New Code of Canon Law, 211 pp., 1921.
12. MELO, REV. ANTONIUS, O.F.M., J.C.D., De Exemptione Regularium, X-188 pp., 1921.
13. SCHAAF, REV. VALENTINE THEODORE, O.F.M., S.T.B., J.C.D., The Cloister, X-180 pp., 1921.
14. BURKE, REV. THOMAS JOSEPH, S.T.B., J.C.D., Competence in Ecclesiastical Tribunals, IV-117 pp., 1922.
15. LEECH, REV. GEORGE LEO, J.C.D., A Comparative Study of the Constitution "Apostolicae Sedis" and the "Codex Juris Canonici." 179 pp., 1922.
16. MOTRY, REV. HUBERT LOUIS, S.T.D., J.C.D., Diocesan Faculties according to the Code of Canon Law, II-167 pp., 1922.
17. MURPHY, REV. GEORGE LAWRENCE, J.C.D., Deliquencies and Penalties in the Administration and the Reception of the Sacraments, IV-121 pp., 1923.
18. O'REILLY, REV. JOHN ANTHONY, S.T.B., J.C.D., Ecclesiastical Sepulture in the New Code of Canon Law, II-129 pp. 1923.
19. MICHALICKA, REV. WENCESLAS CYRILL, O.S.B., J.C.D., Judicial Procedure in Dismissal of Clerical Exempt Religious, 107 pp., 1923.
20. DARGIN, REV. EDWARD VINCENT, S.T.B., J.C.D., Reserved Cases According to the Code of Canon Law, IV-103 pp., 1924.

21. GODFREY, REV. JOHN A., S.T.B., J.C.D., The Right of Patronage According to the Code of Canon Law, 153 pp., 1924.
22. HAGEDORN, REV. FRANCIS EDWARD, J.C.D., General Legslation on Indulgences, II-154 pp., 1924.
23. KING, REV. JAMES IGNATIUS, J.C.D., The Adiministration of the Sacraments to Dying Non-Catholics, V-141 pp., 1924.
24. WINSLOW, REV. FRANCIS JOSEPH, A.F.M., J.C.D., Vicars and Prefects Apostolic, IV-149 pp., 1924.
25. CORREA, REV. JOSE SERVELION, S.T.L., J.C.D., La Potestad Legislativa de la Iglesia Catolica, IV-127 pp., 1925.
26. DUGAN, REV. HENRY FRANCIS, M.A., J.C.D., The Juidiciary Department of the Diocesan Curia, 87 pp., 1925.
27. KELLER, REV. CHARLES FREDERICK, S.T.B., J.C.D., Mass Stipends, 167 pp., 1925.
28. PASCHANG, REV. JOHN LINUS, J.C.D., The Sacramental According to the Code of Canon Law, 129 pp., 1925.
29. PIONTEK, REV. CYRILLUS, O.F.M., S.T.B., J.C.D., De Indulto Exclaustrationis necnon Saecularizationis, XIII-289 pp. 1925.
30. KEARNEY, REV. RICHARD JOSEPH, S.T.B., J.C.D., Sponsors Baptism According to the Code of Canon Law, IV-127 pp., 1925.
31. BARTLETT, REV. CHESTER JOSEPH, A.M., LL.B., J.C.D., The Tenure of Parochial Property in the United States of America, V-108 pp., 1926.
23. KILKER, REV. ADRIAN JEROME, J.C.D., Extreme Unction, V-425 pp., 1926.
33. McCORMICK, REV. ROBERT EMMET, J.C.D., Confessors of Religious, VIII-266 pp., 1926.
34. MILLER, REV. NEWTON THOMAS, J.C.D., Founded Masses According to the Code of Canon Law, VII-93 pp., 1926.
35. ROELKER, REV. EDWARD G., S.T.D., J.C.D., Principles of Privilege According to the Code of Canon Law, XI-166 pp., 1926.
36. BAKALARCZYK, REV. RICHARDUS, M.I.C., J.U.D., De Novitiatu, VIII-208 pp., 1927.
37. PIZZUTI, NEV. LAWRENCE, O.F.M., J.U.L., De Parochis Reliigosis, 1927. (Not Printed.)
38. BLILEY, REV. NICHOLAS MARTIN, O.S.B., J.C.D., Altar According to the Code of Canon Law, XIX-132 pp., 1927.
39. BROWN, BRENDAN FRANCIS, A.B., LL.M., J.U.D., The Canonical Juristic Personality with Special Reference to its Status in the United States of America, V-212 pp., 1927.
40. CAVANAUGH, REV. WILLIAM THOMAS, C.P., J.U.D., The Reservation of the Blessed Sacrament, VIII-101 pp., 1927.
41. DOHENY, REV. WILLIAM J., C.S.C., A.B., J.U.D., Church Property: Modes of Acquisition, X-118 pp., 1927.
42. FELDHAUS, REV. ALOYSIUS H., C.PP.S., J.C.D., Oratories, IX-141 pp., 1927.
43. KELLY, REV. JAMES PATRICK, A.B., J.C.D., The Jurisdiction of the Simple Confessor, X-208 pp., 1927.
44. NEUBERGER, REV. NICHOLAS J., J.C.D., Canon 6 or the Relation of the Codex Juris Canonici to the Preceding Legislation, V-95 pp., 1927.
45. O'KEEFFE, REV. GERALD MICHAEL, J.C.D., Matrimonial Dispensations, Powers of Bishops, Priests, and Confessors, VIII-232 pp., 1927.
46. QUIGLEY, REV. JOSEPH, A.M., A.B., J.C.D., Condemned Societies, 139 pp., 1927.
47. ZAPLOTNIK, DEV. IOANNES LEO, J.C.D., De Vicariis Foraneis, X-142, 1927.
48. DUSKIE, REV. JOHN ALOYSIUS, A.B., J.C.D., The Canonical Status of the Orientals in the United States, VIII-196 pp., 1928.

49. HYLAND, REV. FRANCIS EDWARD, J.C.D., Excommunication, Its Nature, Historical Development and Effects, VIII-181 pp., 1928.
50. REINMANN, REV. GERALD JOSEPH, O.M.C., J.C.D., The Third Order Secular of Saint Francis, 201 pp., 1928.
51. SCHENK, REV. FRANCIS J., J.C.D., The Matrimonial Impediments of Mixed Religion and Disparity of Cult. XVI-318 pp., 1929.
52. COADY, REV. JOHN JOSEPH, S.T.D., J.U.D., A.M., THE Appointment of Pastors, VIII-150 pp., 1929.
53. KAY, REV. THOMAS HENRY, J.C.D., Competence in Matrimonial Procedure, VIII-164 pp., 1929.
54. TURNER, REV. SIDNEY JOSEPH., C.P., J.U.D., The Vow of Poverty, XLIX-217 pp., 1929.
55. GEARNEY, REV. RAYMOND A., A.B., S.T.D., J.C.D., The Principles of Delegation, VII-149 pp. 1929.
56. CONRAN, REV. EDWARD JAMES, A.B., J.C.D., The Interdict, V-163 pp., 1930.
57. O'NEIL, REV. WILLIAM, H., J.C.D., Papal Rescripts of Favor, VII-218 pp., 1930.
58. BASTNAGEL, REV. CLEMENT VINCENT, J.U.D., The Appointment of Parochial Adjustants and Assistants, XV-257 pp., 1930.
59. FERRY, REV. WILLIAM, A., A.B., J.C.D., Stole Fees, X-107 pp., 1930.
60. COSTELLO, REV. JOHN MICHAEL, A.B., J.C.D., Domicilie and Quasi-Domicile, VII-201 pp., 1930.
61. KREMER, REV. MICHAEL NICHOLAS, A.B., S.T.B., J.C.D., Church Support in the United States, VI-136 pp., 1930.
62. AUGULO, REV. LUIS, C.M., J C.L. Legislaciòn de la Iglesia sobre la intencion en la aplicaciòn de la Santa Misa, 1931.
63. FREY, REV. WOLFGANG NORBERT, O.S.B., A.B., J.C.L., The Act of Religious Profession, 1931.
64. ROBERTS, REV. JAMES BREDAN, A.B., J.C.L., The Banns of Marriage, 1931.
65. RYDER, REV. RAYMOND ALOYSIUS, A.B., J.C.L., Simony, 1931.
66. CAMPAGNA, REV. ANGELO, Ph. B., J.U.L., Il Vicario Generale del Vescovo, 1931.
67. COX, REV. JOSEPH GODFREY, A.B., J.C.L., The Administration of Seminarie, 1931.
68. GREGORY, REV. DONALD, J., J.U.L., The Pauline Priivlege, 1931.
69. DONOHUE, REV. JOHN, F., J.C.L., The Impediment of Crime. 1931.
70. DOOLEY, REV. EUGENE, A., O.M.I., J.C.L., Church Law on Sacres Relice, 1931.

www.ingramcontent.com/pod-product-compliance
Lightning Source LLC
LaVergne TN
LVHW050240080826
844660LV00012B/566

* 9 7 8 0 8 1 3 2 2 2 5 5 4 *